초보자를 위한 숙달의 책임 가이드!

현대
탁구교본

현대레저연구회편

太乙出版社

● 아시아는 탁구의 화원 ●

▲한국의 별 양영자의 강한 드라이브 엔드 스매시의 폼. 88 서울 올림픽의 유망주로 세계에 알려져 있는 양영자는 현정화와 함께 제10회 아시안게임에서 강적 중공을 물리치고 금메달을 획득하는데 주춧돌 역할을 했다.

▲세계 대회를 2 연패한 중공의 곽요화. 그의 묘기는 앞 소프트에서 뒷 소프트에로의 전향으로 이어지는 쾌속 드라이브이다.

◀화려한 컷을 연출시키고 있는 중공의 동령(童玲)

●구주(欧州)를 키운 강한 파워들

▲구주(欧州) 탁구의 저력을 과시하고 있는 유고슬라비아의 슐벳크와 카리닛치조의 멋진 묘기. 거목과 같은 카리닛치의 섬세한 운동신경을 한눈에 엿볼 수 있다.

▼구주 탁구의 저력은 뭐니뭐니해도 박력있는 공격력에 있다. 사진은 스웨덴의 에릭 린드의 공격 폼.

▲거대한 중공도 제압할 만큼 강한 공격력을 가지고 있는 소련의 발렌티나 포포와의 슛폼.

◀루마니아의 올가 네메스. 그의 주무기는 오른발의 전진으로 이어지는 백핸드의 강타이다.

● 탁구의 명수들이 속속 탄생하고 있다

▼전진에서의 슛과 속공으로 중공 탁구의 강한 이미지를 부각시키고 있는 시에사이키의 포즈.

▲나디어 비시어크 (오스트레일리아)

◀카리나 릿시 (룩셈부르크)

▲마루타 로샤 비어스
가아드 (쿠바)

초보자를 위한 숙달의 책임 가이드!

현대
탁구교본

현대레저연구회편

太乙出版社

첫머리에 *

남녀노소 누구나 즐길 수 있는 전천후 레저 스포츠 '탁구'

 우리는 지금도 그날을 잊을 수 없다. 그동안 숙적이었으면서도, 결코 넘을 수 없었던 중공의 두터운 벽을 허물던 날, 그 영광스러운 감격의 날을 우리는 영원히 잊을 수 없을 것이다.
 제10회 아시안 게임이 우리에게 가져다준 수확은 너무나 많아 일일이 다 열거하기에도 벅찬 일이지만, 그 가운데 가장 큰 수확의 하나는 뭐니뭐니해도 우리의 숨은 저력을 온 세계에 과시했다는 점, 그리고 우리 모두가 다 '하면 된다'는 자신감을 갖게 되었다는 점일 것이다.
 중공 탁구를 우리가 제압하던 날, 탁구에 관심이 있건 없건 우리 국민 모두는 탁구 선수 이상의 관심을 가지고 흥분의 도가니 속으로 치달았다.
 앞으로 우리는 계속 세계 속에서 한국 탁구를 발전시켜 나갈 것으로 믿는다.
 사실, 탁구는 선수가 되기 이전에 일상 생활 속에서 남녀노소 누구나 즐길 수 있는 전천후 레저 스포츠이다. 사시사철, 비가 오나 눈이 오나 가볍게 시작하여, 큰 즐거움과 건강을 함께 도모할 수 있는 스포츠인 것이다.
 이 책은 탁구에 관심을 가진 초보자가 탁구의 진면목을 쉽게 알 수 있도록 체계있게 만든 탁구의 기본 가이드이다.
 독자 여러분에게 많은 도움이 되길 빈다.

편 자 씀.

차 례 *

＊첫머리에 / 남녀노소 누구나 즐길 수 있는
　　　　　전천후 레저 스포츠 '탁구' ·················· 11

제 1 장 / 이것만은 알아두자

탁구의 기본 지식·· 16
기초적인 용구의 지식·· 17
라켓과 러버··· 23
그립과 전형(單型)·· 31

제 2 장 / 모든 것은 기초부터

탁구의 기본 기술·· 38
포롱의 기본 자세·· 40
포롱의 스윙··· 46
쇼트치기·· 54
컷치기··· 57

*차 례

찔러(쿡쿡)치기	63
드라이브 치기	65
스매시 치기	68
로빙의 올리는 법	71
쇼트의 기본	74
미들 쇼트	75
대 드라이브 쇼트	76
푸시성 쇼트	76
스톱 쇼트	78
백 핸드의 기본	80
대 쇼트의 백 핸드	82
백 핸드·스매시	84
하프 볼리	87
컷의 터는 법	89
풋워크의 기본	93

차 례 *

풋워크의 응용 ··· 98
컷의 기본 ··· 105
컷의 응용 ··· 108
서브의 기본 ··· 117
서브의 응용 ··· 122
리시브의 기본 ·· 135
리시브의 응용 ·· 138

제3장 / 장기(長技)를 만들자

연습의 진행법 ·· 150
탁구용 트레이닝 ··· 151
포의 연습 ··· 156
풋워크의 연습 ·· 165
백핸드의 연습 ·· 170
서브와 리시브의 연습 ·· 172

차 례

3구째, 4구째 공격의 연습 ················· 179
컷치기의 연습 ······························· 181

제4장 / 지지 말라, 지게 하라

시합의 전개 ································ 188
전형(單型)의 특징 ·························· 188
시합의 준비 ································ 194
시합 운행 ··································· 197

제5장 / 시합 후에 할 일

반성과 일기 ································ 200
내일에의 의욕 ······························ 201
자기 나름의 탁구를 만들자 ··············· 208

제1장
이것만은 알아두자

탁구의 기본지식

스포츠는 룰에 의해서 겨루는 것이 대전제입니다. 룰을 모르고서는 어떤 스포츠라도 경기가 성립 안됩니다.

한국 탁구 협회에서는, 탁구를 하는 사람을 위해서 바른 룰을 정하고, 그것에 의해서 모든 경기를 해나가고 있읍니다. 그 규칙은, 특별하게 어려운 것이 아닙니다. 여기에 탁구의 근본이 되는 룰의 개략(概略)을 정리해 보았읍니다. 그 하나 하나를 확실하게 익혀두십시오. 이것은 차를 운전하는 사람이 익히는 교통규칙 보다 훨씬 쉬운 것들 뿐입니다.

룰의 근본은, 상호 허용된 동등의 조건에서 플레이하는 것입니다. 이것이 있기 때문에 특정의 사람이 유리하게 되거나, 불리하게 되는 일이 피해지고, 서로 부정이나 속임이 없는 시합이 되는 것입니다.

정정당당하게 싸우는 스포츠맨싶이란, 룰을 지키고 룰의 정신을 살려서 싸우는 것입니다. 그것은, 또 탁구하는 사람의 '마음의 기본' 이기도 하는 것입니다.

기초적인 용구(用具)의 지식

● 복장

볼이 잘 안보이기 때문에 백색의 셔츠는 금물입니다. 규칙으로는, '짙은 단일색으로 반사광이 없는 것'이라고만 정해져 있읍니다. 상하의 색깔은 달라도 좋고, 셔츠는 흰 것도 좋다고 되어 있읍니다. 중요한 것은 우선 청결하고, 흡습성(吸濕性)이 높은 천의 셔츠를 입는 것입니다. 연습때부터 규칙에 맞는 트레이닝·웨어를 착용했으면 합니다.

왜냐하면 연습은, 그것 자체가 벌써 시합의 일부이기 때문입니다. 시합은 연습의 성과를 비교해 보는 발표회 같은 것입니다. 그러므로 시합

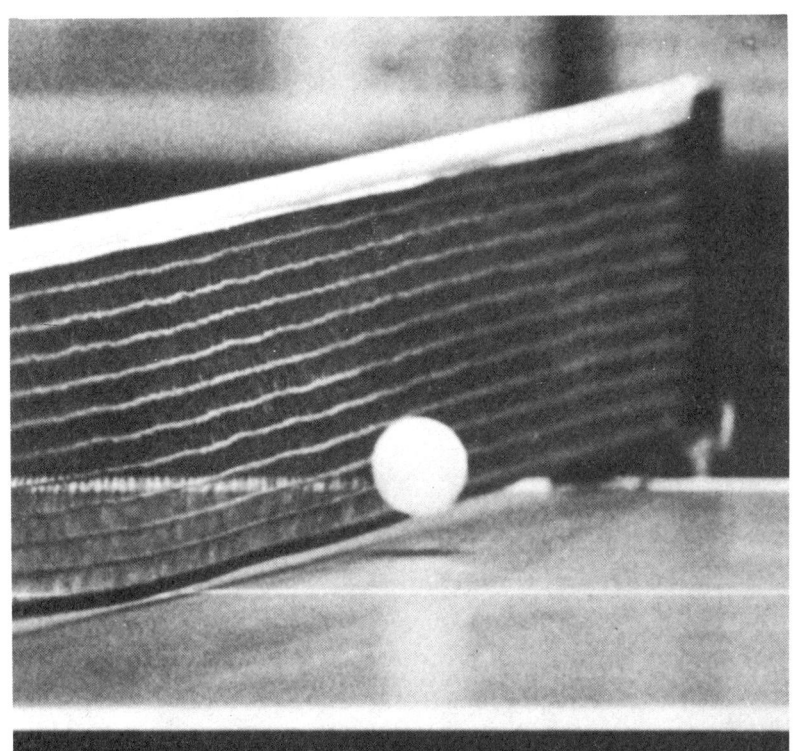

때만 특별히 힘을 발휘하려고 해도, 여간 뜻대로 안됩니다. 연습때부터 시합하는 마음으로 플레이 하는 일이 중요합니다. 그러기 위해서도 복장부터 시합과 같은 각오로, 룰에 맞는 것을 착용했으면 합니다. 연습 중에는 많은 땀을 흘리므로, 여름 등 뜨거운 때는 갈아입을 옷도 준비 하고, 도중에서 바꿔 입게끔 해둡시다. 또 연습 후는 땀에 젖은 셔츠를 입은 채 돌아가지 말고, 내의 등을 갈아입고 가도록 합시다. 면제의 두터운 타월도 연습에는 필수품의 하나입니다.

  일류 선수가 되면, 몸에 딱 맞는 치수의 웨어를 추려서 어깨나 허리의 근육을 압박하거나, 갑갑하게 되지 않도록 유의하고 있읍니다. 또 몇 벌 준비해서, 땀이 많이 나면 갈아입거나 하고, 두터운 것과 엷은 것을 준비해서 추운 경기장과 더운 경기장에서 나눠 사용하고 있읍니다.

요는 청결하며 몸에 어울리는 색깔의 것을 사용하는 것입니다. 평상복 차림대로나, 특히 색다른 복장으로는 연습을 하지 맙시다.

● 구두

룰에서는 특별히 정해지지는 안했으나 최근에 성능이 좋은 탁구전용 슈즈가 만들어지고 있읍니다. 바닥의 고무가 비교적 부드러워서, 어느 방향에도 움직이기 쉬운 가벼운 슈즈입니다. 이것은 주로 판자마루 위에서 플레이하기 위해서 만들어진 것으로, 장시간 신고 있어도 피로하지 않도록 고안되어 있읍니다.

이밖에 보통의 업·슈즈라도 충분히 대용됩니다. 그러나, 업·슈즈는 주로 앞으로 달리기 위한 것으로, 구두 바닥의 고무의 잘린 곳이 옆으로 평행으로 들어있는 것이 많아 이것이 좌우로 움직일 때 차기가 약해지는 수가 있읍니다. 또 점프용으로 밑을 두텁게 한 바스켓·슈즈 등은 너무 무거워서, 종종걸음 치는 움직임을 오래 계속하는 탁구에는 적합하지 못합니다. 가볍고 좌우 어디고 움직일 수 있는 구두바닥의 것을 고릅시다.

단, 연습장의 바닥이 콘크리트와 같은 경우는, 발리볼용의 약간 밑이 두터운 것이든가, 옥외에서의 러닝·슈즈같은 것이 필요합니다. 풋워크가 심하고, 발의 차기가 강한 선수는 탁구 슈즈보다도 약간 밑이 두툼한 것이 좋습니다. 요는 마루바닥을 딛었을 때, 무릎이나 허리가

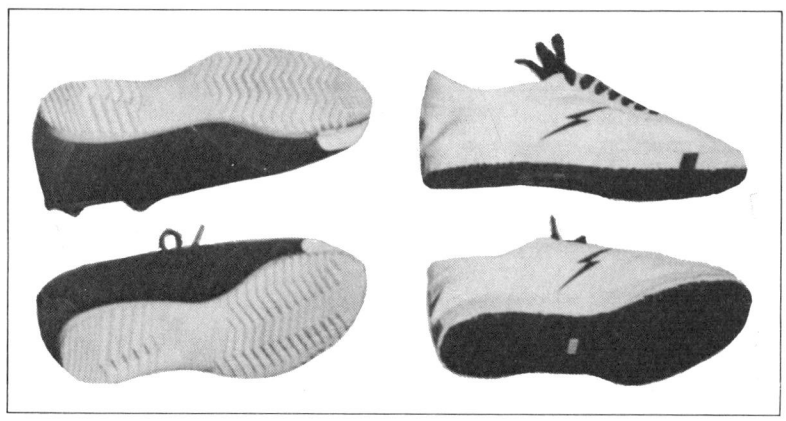

울리지 않는 정도의 두께가 있고, 그 다음에 장시간 사용해도 피로하지 않는 정도의 무게이면 좋습니다. 물론, 발의 크기에 맞어야함은 절대입니다.

또, 실내 연습용과는 달리 로드워크용으로 포장한 끝에서도 달릴 수 있는, 밑이 두터운 것이 필요합니다.

● 경기장

시합용의 코트는 최저기준이 세로 14미터, 가로 7미터, 높이 3미터로 정해져 있읍니다. 그러나, 일류선수의 스매시는 10미터 이상 날러, 로빙이라도 7～8미터 오릅니다. 그러므로 이것보다 넓은편이 좋으므로, 세계 선수권이나 국가 선수권이 되면, 예선에서는 규정내 빠듯해도, 결승에서는 코트의 넓이를 바꿔가는 수가 있읍니다.

마루바닥은 미끄럽지 않은 나무판자의 것이 바람직스럽습니다만, 중국에서는 북경체육관처럼 콘크리트제의 바닥에서 그대로 하고 있는 곳도 있읍니다. 밝기는 탁상에서 400 럭스 이상. 채광은 가급적 옆에서 잡아넣고, 선수가 마주보는 정면에서는 빛이 안들어오게 하면은, 볼이나 상대의 동작이 잘 보입니다. 또 실내의 환기에도 유념해야 할 것으로 건강관리의 배려도 필요합니다.

볼펜스는 아무것이나 좋지만, 특히 좁은 코트에서는 부딪쳐서 상처를 입을 걱정이 없는 것이 필요할 것입니다. 탁구대는 옆으로 늘어놓고, 플레이 중에 상대의 코트가 정면에서 안보이게 하는 것이 볼을 잘 보이게 하는 것입니다.

경기장을 선정할 때의 포인트는 다음과 같은 것이 있읍니다.

① —— 부딪쳐서 상처를 입게 될 위험물이 가까이에 없을 것.
② —— 밑바닥 면이 울퉁불퉁 않고 미끄럽지 않을 것.
③ —— 청소가 되고 밝을 것.
④ —— 플레이에 집중될 수 있는 환경일 것.

이상과 같은 점을 유의하고 연습하십시오.

최근에는 체육관의 설비가 충실하고, 높은 천정과 넓은 코트의 안에서 몇대고 탁구대를 늘어놓고 연습하는 케이스가 많아졌읍니다만, 환경이 좋아졌다고 해서 반드시 플레이가 숙달한다고는 할 수 없읍니다.

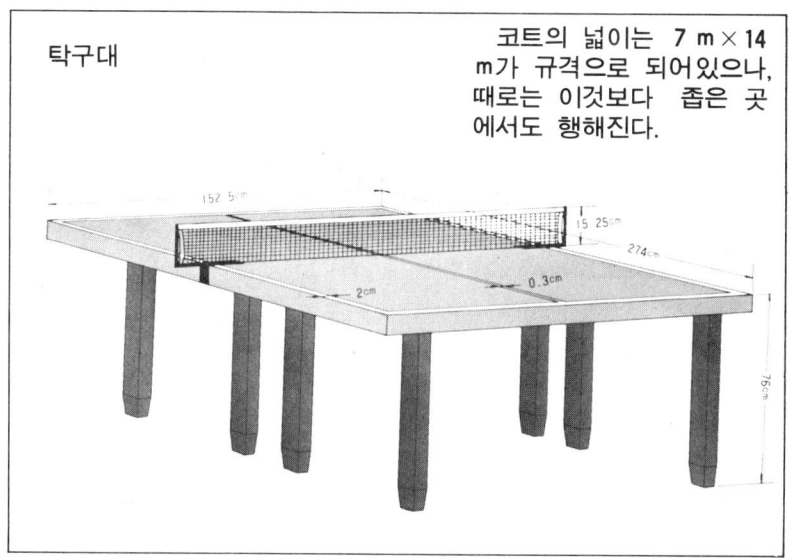

탁구대

코트의 넓이는 7m×14m가 규격으로 되어있으나, 때로는 이것보다 좁은 곳에서도 행해진다.

좁고 천정이 낮은 코트에서 연습했기 때문에 전진속공의 탁구가 되거나, 연습대가 한 대 뿐이여서 연습대의 쟁탈로 서로 힘을 겨루고 강화된 적도 있읍니다. 탁구 연습장에 혜택받은 일본보다 중국, 한국 등 환경이 불충분한 나라의 쪽이 강력한 선수가 태어나는 것등—— 경기장의 좋고 나쁜 것보다, 그것을 활용하는 선수의 각오가 포인트라고 생각됩니다.

● 탁구대

 테이블의 높이 76센티, 세로 274센티, 가로 152.5센티, 네트의 높이 15.25센티로 정해져 있읍니다. 색깔은 암록색으로, 홑판과 몇장인가의 판자를 부한 합판이 있읍니다. 전문 메이커가 만든 정식규격에 맞는 것을 고르면 됩니다. 서포트, 네트도 규격에 합치한 것을 고릅시다.
 테이블에서 중요한 것은 보관과 청소입니다. 보관할 때는 반드시 탁상(卓上)이 상처나지 않도록 표면을 안쪽으로 해서 접든가, 커버를 씌우든가, 탁상에 물건을 놓지않게 하거나, 특히 표면에 상처가 안나도록 주의하는 것입니다. 플레이 중에 미스를 해서, 화난바람에 라켓으로 탁자를 두들겨서 상처내지 않도록 해야 합니다.

그리고 습기나 더럽힘을 막기 위해 이따금 마른천으로 닦는 것도 필요합니다. 네트는 연습이 끝나면 풀어서, 느러지지 않도록 잘 놓아둡니다. 또 네트 높이와는 따로, 라켓에 러버를 붙일 때 15.5센티의 높이를 측정할 수 있도록 표적을 해두면 편리합니다.

최근에 조립식의 탁구대가 많아지고, 다리밑에 이동용의 바퀴가 달려있읍니다만, 이런 탁구대일 때는, 벌렸을 때 면이 경사 안지게 단단히 고정시키고 시작합시다. 또 네트의 높이는 반드시 정확하게 재고나서 연습하는 버릇을 붙여두는 것이 좋습니다. 너무 높으면 공격선수가 불리하게 되고, 너무 낮으면 수비형의 선수가 불리하게 됩니다.

● 볼

경식(硬式)과 연식(軟式)이 있는데 처음부터 경식으로 하는것이 좋습니다. 경식은 무게 2.40~2.53그램, 직경이 3.72~3.82 센티의 셀룰로이드제로, 공인구(公認球) 메이커 여러 회사에서 만들어지고 있읍니다. 흰색 외에 가정 부인용 등으로 황색의 것도 생산되고 있읍니다. 볼은 메이커에 의해서 무게, 반발력, 내구력(耐久力) 등에 의해서 형상이 아주 동그란 것이 아니고, 타원의 것도 드물게 있읍니다.

메이커는 제조 과정에서 품질의 호부가 나타나기 때문에, 볼에 등급을 매겨서 판매하고 있읍니다. 이른바 오락용의 볼과 경기용의 볼에서는 품질에 큰 차이가 있으므로, 반드시 공인구를 선택하십시오. 또 잘

◀ 볼 순원구(純円球)로 이음매가 울퉁불퉁 안한 것을 찾습니다.

튄다고 한 군데의 메이커의 제품만을 사용하거나, 치기 쉽다고 반발력이 덜한 것에 한해서 사용하거나 하지말고, 될 수 있는대로 각 메이커의 것을 수없이 활용해서 어떠한 공이 대회의 사용구로 되어도 당황하지 않도록 합시다.

　메이커에 따라서 타구감(打球感)이나 반발력에 상당한 차이가 있으므로, 익숙하지 않은 볼이면 시합에서 잘 되지않고 끝마치는 일이 있읍니다. 볼이 아주 둥근가 어떤가는 탁상에서 팽이를 돌리는 요령으로 볼을 회전시키면 즉시 압니다. 타원형의 볼은 오뚜기라고 해서 비틀비틀 흔들며 돌고, 아주 둥근 볼은 곱게 회전합니다. 또 볼에 잔금이 간 것은, 탁상에 놓고 라켓의 뒷쪽(목제의 부분)으로 눌러서 움직이면 비식 소리가 나서 그냥 압니다. 공을 칠 때 타구음이나 타구감이 이상하다고 생각되면, 바로 이러한 테스트를 해봅시다.

라켓과 러버(rubber)

● 라켓

　룰에서는 모양, 크기, 무게의 규정은 없고 얼마만큼 커도 좋습니다만, 한손으로 재빨리 계속 휘두르기 위해서, 현재 사용하고 있는 모양의 것이 최적으로 생각되고 있읍니다. 재질(材質)은 목질(木質)로 한정되어 있읍니다만, 최근 탄소섬유를 사이에 끼운 특수한 라켓도 허가되어 오고 있읍니다. 착색은 목재의 재질이 손상되지 않는 정도의 도료면 된다고 합니다. 시합에서는 탁구 협회에서 검정된 것만 사용합니다.

　모양은 펜호울더용 (用)의 각형(일본에서 많이 사용된 것)과 원형(중국에서 많이 사용된 것), 세이크핸드용의 타원형, 원형으로 구분됩니다. 펜호울더용에서는, 각형은 드라이브나 롱타법에 알맞고, 원형은 쇼트나 전진에서의 속공에 적합하다고 합니다.

　재질은 노송나무(또는 침나무)의 홑판이 타구감, 반발력 함께 좋다고 해서, 경기선수에게는 가장 많이 사용되고 있으나 합판도 잘 사용됩니다. 3～5장의 합판은 수비형, 5장 이상의 합판은 반발력이 강하므로 공격형에 적합하다고 합니다. 무게는 라켓만으로 70~90 그램, 러버를 붙이면 110~130그램이 됩니다.

　이 라켓의 선정은 퍽 중요한 문제입니다. 일반적으로 말하면, 자유롭게 몇 번이고 흔들어지고 피로가 오지 않는 범위면, 조금이라도 무거운 쪽이 날카로운 볼이 쳐지므로 좋다고 합니다. 그러나 그 먼저 자기가 수비형인가 공격형인가, 혹은 전진형인가 드라이브형인가 등 전형(戰型)과도 상관이 있어서, 팔이나 어깨의 힘, 스윙의 방법 등에 의해 선택법이 달라집니다. 타구감이 좋다든가 잘 튄다든가 하는 점만으로 라켓을 고르는 케이스가 많습니다만, 오히려 러버를 팽팽하게 붙이고 밸런스가 좋으며, 그립에 꼭 맞는 것에의 배려도 필요한 것입니다. 라켓의 선정에 관해서는 충분한 연구가 필요합니다. 어느 정도 기술이 향상되면, 몇 종류든가 준비하고, 자기에 적합한 라켓을 골라 볼 필요가 있읍니다.

〈각형(角型) 라켓〉

　국내에서 오래전부터 사용되어 온 것으로, 펜호울더·그립에 적당합니다. 특히 드라이브형의 사람이 즐겨 사용하고 있습니다. 포의 스매시나 드라이브에는 최적(最適)입니다. 탁상의 작은 볼을 줍거나 하는 데에도, 쇼트전법에도 적합합니다. 그러나, 무게에는 어느 정도 한도가 있어서, 호쾌한 파워드라이브로 결판을 내는 '구주탁구(歐州卓球)'와 같은 전법에는 부적당합니다. 이 라켓은 어디까지나 포의 스윙에 장점을 살려서 싸우는 것입니다.

〈원형(圓型) 라켓〉

　중국식의 펜호울더용 라켓이며, 포를 털거나, 백핸드를 쓰거나 하는 전진형에 적합합니다. 포, 백의 전환이 스무스하게 되는 것, 탁상의 작은 볼을 치는 네트 플레이에 적합한 것, 스냅을 살린 포에 적합한 것 등 주로 중국형의 빠른 탁구에 알맞습니다. 또, 쇼트 그립이라고 해서 손잡이의 짧은 것도 있읍니다. 이 라켓은 쥐었을 때 라켓의 끝에 무게를 느낍니다만, 성능은 손잡이의 긴 라켓과 다르지 않습니다.

〈타원형(楕圓形) 라켓〉

　세이크핸드에 적합한 것으로, 주로 참피나무, 노송나무, 버드나무 등

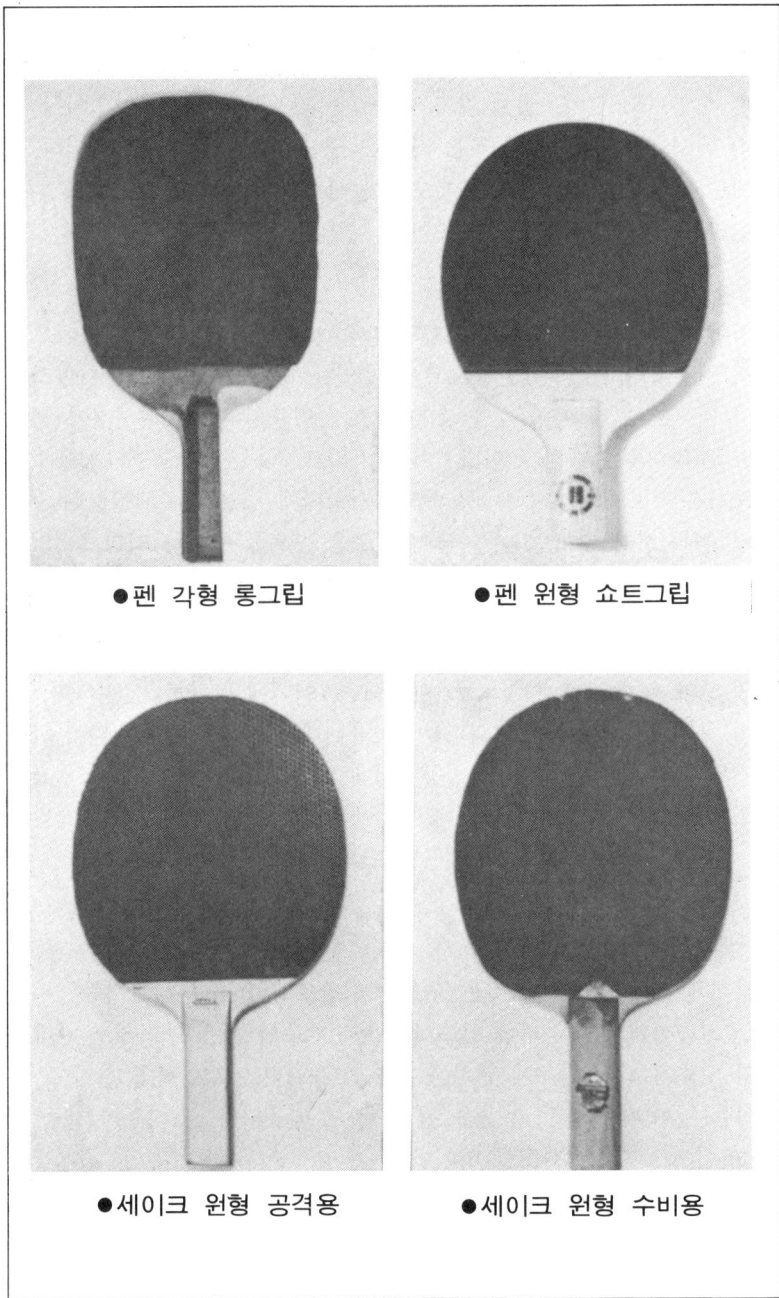

의 합판으로 되어있고, 합판제는 반발력이 부족하며, 상대의 스피드를 죽이고 돌아오게 되어 있읍니다. 러버를 붙여서 160~200그램 되고 그립의 손잡이도 길며, 엷게 쥐고 휘두르는 라켓은 공격형, 그립의 손잡이가 짧고, 깊이 쥐고 휘두르는 라켓은 수비형에 알맞는다고 합니다. 드물게는 각형도 있고, 홑판의 것도 있읍니다. 이것은, 세이크핸드 · 그립이라도 컷을 하지 않고 올롱의 공격형에 사용하는 것입니다.

〈홑판(單板)〉

가볍고 잘 튀는 재질을 구해서 개발된 것으로, 노송나무의 결이 좋아서 사용됩니다. 나무결이 고르지 않으면 타구점에 의해서 반발력에 차가 나오므로, 균일한 것을 고를 필요가 있읍니다. 그 나뭇결이 세세하고 좁을수록 단단하여 반발력이 증가하고, 나뭇결의 폭이 넓을수록 타구감은 부드러워집니다. 공격형의 사람에게 호감가는 재질입니다만, 반면, 익숙하지 않으면 너무 날려서 볼을 콘트롤 못하는 염려가 있읍니다.

〈합판〉

몇 장의 판자를 포갠 것으로, 반발력은 어디에 맞아도 균일하며, 라켓이 부러지지 않는 잇점(利点)이 있읍니다. 합판의 장수를 많이 하면 무거워져서 반발력도 강해져, 공격형에 맞습니다. 장수가 적은 것은 수비형입니다. 최근, 이 합판의 사이에 탄소섬유를 붙인 것이 개발되어, 일단 파워업 하게 되는 것도 시판되어 오고 있읍니다.

● 러버 (rubber)

라켓게 함께 러버의 선정은 중요한 포인트입니다. 현재로서는 두께가 4밀리까지로 제한되어 있읍니다만, 그 두께의 범위 안에서 가지가지의 연구가 되어 타구에 변화를 주고 있읍니다. 그 변화를 살피고 반격하는 것이 탁구의 큰 부분을 점(占)하고 있읍니다. 강타든가 강구(剛球)만이 아니고, 변화구를 번갈아 내는 일, 말하자면 마술을 번갈아 한다는 면이 강조되어, 용구에 휘둘러지는 느낌이 있을 정도입니다.

그리고 러버의 위력에 의지해서 싸우는 선수가 많아졌읍니다. 그러나, 이러한 탁구는 자기의 힘으로 플레이 하는 것이 아니므로, 좋은 탁

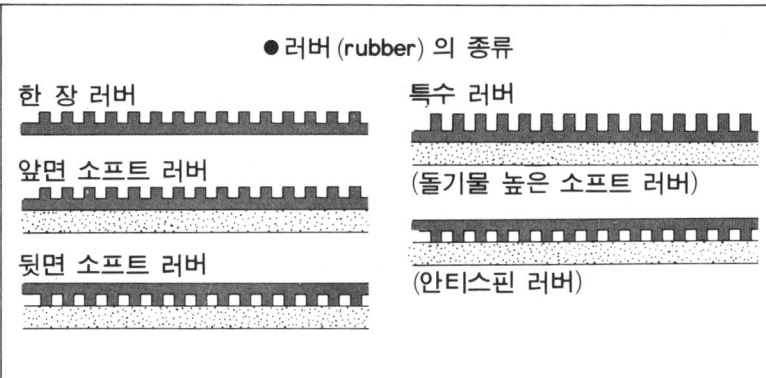

구라고는 말할 수 없읍니다. 어디까지나 바른 폼으로 기본 연습을 행하고, 용구에 의지하지 않고 싸우는 것이 바람직합니다. 용구로 싸우는 것이 아니고, 용구는 싸움의 보조라는 생각을 확립했으면 합니다. 그리고, 그 보조역에 자기가 맞는 최적의 것을 고른다는 기분으로 생각합시다.

⟨판자 라켓⟩

드물게 라켓에 러버를 붙이지 않고 싸우는 사람이 있읍니다. 이것은 19세기 말에 탁구가 시작했을 때의 원형(原型)이라고도 할 수 있는 것으로, 현재로는 희소가치가 있으며, 의외의 효과를 올리는 수도 있읍니다. 순 나무판자로 치면은 상대의 변화를 모조리 죽일 수가 있어서 잘라진 공도, 잘라지지 않은 공도 그다지 관계없이 반격할 수가 있어, 상대의 변화에 잘 당황되지 않으나, 이쪽에서도 변화구를 내기가 어렵게 됩니다. 포는 바른 타법이 아니면 되지 않는 것입니다.

그냥 판자만의 공의 위력은 아무리해도 떨어지므로 본격적인 선수가 되기전의 단계로서 이용되는 케이스가 있는 것 같습니다.

또 하나는, 펜호올더·타입의 선수가 라켓의 뒷쪽을 사용해서 반구할 때도 쓰여집니다. 이것은 러버를 붙인면으로 계속 친 후에 연결의 반구로 상대를 당황하게 하려는 것입니다.

⟨한 장 러버⟩

이 러버의 출현으로, 현재의 탁구의 기본이 되었다고도 말할 수 있

읍니다. 고무의 돌기물을 앞면에 균일하게 갖춘 러버 때문에 콘트롤이 하기쉽고, 대체로 미스가 적어지므로 견실한 플레이에 알맞습니다. 이 돌기물의 낱알은 작을수록 콘트롤이 잘 되며, 상대볼의 회전의 영향을 그다지 받지 않습니다. 반면 자기가 스피드를 붙이거나, 회전력을 붙이기가 어렵습니다. 따라서, 바른 폼으로 정확하게 치지 않으면 좋은 공이 들어가지 않습니다. 그래서 폼의 기본연습에는 알맞습니다.

컷은 앞면 소프트 러버보다 잘 잘라져서 쇼트를 잘 사용하는 기교파나, 포롱이 깨끗한 공격형이나, 컷선수에 애용되고 있읍니다.

〈앞면 소프트 러버〉

한 장 러버의 밑에 스폰지를 넣은 러버 때문에, 한 장 러버보다 공의 떨어짐이 좋고, 스피드가 나오기 쉬운 잇점(利点)이 있읍니다. 찌르기는 앞면 소프트 러버의 쪽이 잘 잘라집니다. 따라서 컷보다 전진해서 쇼트를 사용하거나, 스매시를 내거나 하는 속공형이 즐겨 사용합니다. 콘트롤이 좋으므로 크로스나 스트레이트를 겨냥하고 코스에 빠듯이 치거나, 날카로운 각도의 반구가 되고는, 변화 서브의 반구에도 뒷면 소프트보다 유리합니다. 드라이브도 상당히 쓰여집니다만, 어디까지나 포·스윙과 쇼트의 장점을 활용하여 싸우는 타입에 적합할 것입니다.

최근에는 앞면 소프트의 돌기물면을 길게 한 '발긴 러버' 또는 '돌기물 높은 러버'라고 하는 것이 개발되어 있습니다. 이것은 세이크핸드로 양면에 러버를 팽팽히 할 때 편면에 쓰는 케이스가 많고, 상대의 볼을 돌기물 면으로 한 번 정지시키고 서는, 상대의 변화를 러버의 표면으로 없애버리는 전법입니다.

〈뒷면 소프트 러버〉

앞면 소프트 러버의 돌기물들을 뒤집어 붙인 것으로, 볼을 잡는 것이 점에서 면으로 바뀌었기 때문에, 반발력이 강해진 데다가 회전을 걸기 쉽게 되어 있습니다.

그러므로, 드라이브형이나 컷의 변화를 사용해서 싸우는 타입에 맞습니다. 스폰지의 반발력이 상당히 살려지므로 공의 위력이 증가하고, 변화도 크게 되는 것입니다. 반면 콘트롤이 어렵고, 대체로 미스가 나오기 쉬운 결점도 있는 것입니다.

〈특수 러버〉

소프트 러버의 스폰지 부분의 반발력을 일부로 약화시켜서, 볼이 튀지 않도록 하고, 상대의 회전력에 영향받지 않아도 되는 '안티스핀·러버'든가, 스폰지 부분을 엷게 해서 돌기물을 길게 한 '돌기물 높은 러버'등이 있습니다. 이것들은 러버의 위력에 의지해서 쳐 오는 공을 되돌리기 위해 고안된 대항 러버라고도 말할 수 있는 것으로, 러버 연구의 싸움 속에서 태어난 것입니다. 그것이 아니라도 스폰지의 두께가 2밀리 정도의 두터운 형(型), 1밀리 정도의 엷은 형 등 러버의 두께를 조절하고, 볼의 스피드나 회전력에 차이를 붙여 콘트롤이 좋은 것, 공의 위력이 있는 것 등 각각 연구되고 있읍니다.

그 위에 라켓의 양면에 이질(異質)의 러버를 부착해서, 라켓을 빙빙 돌리면서 치는 트릭·플레이도 성행하고 있읍니다. 이질 러버

를 붙일 때는 어두운 동일색의 러버를 사용, 잠깐 보기에는 어느쪽의 러버로 치고 있는지 모르도록 하는 것이 원칙입니다.

어떻든, 이러한 러버는 오래 사용하면 스폰지의 반발력이 달라지므로, 때때로 갈아댈 필요가 있읍니다. 우수한 선수 중에는, 자기에 맞는 좋은 러버를 몇장인가 준비해서 갈아대며, 시합의 일주간 전에는 반드시 최량의 것으로 갈아대고 출장하는 사람이 있읍니다. 갈아대고 일주간쯤이 제일 반발력이 좋고, 라켓에도 익숙해진다고 합니다.

그립(grip)과 전형(戰型)

그립(grip)은 펜호올더·그립(pen holder grip)과 세이크핸드·그립(shake hand grip)으로 분류되는데, 펜호올더·그립 하나에도 많은 쥐는 법이 있습니다. 그 쥐는법 하나로 전형이 많이 나누어집니다.

그립의 연구는 기술의 발전과 깊은 상관이 있고, 항상 연구가 필요합니다. 일반적으로는 얇게 쥐는 법은 라켓에 사각(死角)을 주지 않고, 변화에 대응하기 쉽다고 하며, 깊게 쥐는 법은 항상 일정한 각도로 치는 케이스가 많고, 자신있는 강타나 틀에 박힌 장면에서 강함을 발휘하기 쉽다고 합니다. 또, 단단하게 쥔 경우는 스윙이 딱딱하게 되어 변화에 대응하기 어렵다고 합니다.

최근에는 러버의 개발이 나아가고, 서브의 연구가 깊어지고, 변화구가 많이 쓰여지는 경향이 있어서, 이것에 대응한 그립의 연구가 필요하게 되었읍니다.

일반적으로 라켓을 쥐는 법은 다음과 같습니다.

① —— 라켓을 처음부터 너무 강하게 쥐지 말고 가볍게 쥐고, 타구의 순간에 꾹 힘을 넣는다.

② —— 공이 오는 코스나 위치에 의해서 사각이 안되도록 하기위해, 너무 깊이 쥐지 않는다.

③ —— 포라도 백이라도 스무스하게 휘둘러지게 쥐는 법.

이상과 같은 점 등에 주의하고 그립을 정한 후 시작하는 편이 득책입니다. 그리고 자기의 전형에 적합한 그립을 서서히 튼튼하게 하도록 합시다. 또, 라켓의 손잡이나 받침대를 조금씩 깎아서 쥐기 쉽게 바꿔 쥐었을 때, 혹은 휘둘렀을 때 밸런스가 잡히도록 연구해 보는 것도 필요할 것입니다.

그러면 전형과 그립의 관계를 개략(概略) 정리해 봅시다.

● 전진 스매시 주전형

① —— 앞면 소프트 러버를 사용하여, 전진에서 포의 강타를 주체로

하고, 백핸드로 휘두르는 타입을 예로 들면, 포의 빠른 스윙, 백의 스무스한 휘두름이 무기가 되기 위해서, 먼저 엄지는 가볍고 엷게 라켓의 앞면에 걸고, 중지에서 소지까지의 세 손가락은 가볍게 구부려서, 손가락 끝만을 라켓의 뒷면에 대고 쥐는 법이 많이 보입니다. 이것은 엷게 쥐는 법으로, 때로는 중지의 옆쪽만을 뒷면에 대고, 약지나 소지를 라켓에 닿지 않게 하는 사람도 있읍니다.

이 쥐는 식이면 손목의 움직임이 편하고, 어떠한 볼에도 사각이 나지않고, 탁상의 작은 볼을 털거나, 쇼트, 백핸드도 자유롭게 사용됩니다. 그리고 포에서는 톱치기가 하기 쉽게 됩니다. 반면 무거운 드라이브 등에는 눌러지기 쉬우므로, 미트를 잘 맞춰서 되돌리지 않으면 안됩니다. 코스를 분간해서 선제 공격으로 도는 타입입니다.

② —— 앞면 소프트 러버를 사용하여, 전진에서 포의 강타를 주체로 하는데, 쇼트 전법도 쓰는 타입이 되면은 좀 더 그립이 깊게 되고 뒷면

의 중지도 너무 구부리지 않고, 라켓면에 손가락의 옆구리를 대는 것 같은 형으로 바꿔집니다.

이렇게 하면 포의 타구가 보다 예리하게 되고, 공격력이 붙습니다만, 백쪽은 쇼트로 밀거나 찔러서 연결하거나 해서 싸우는 케이스가 많아지고, 포는 공격, 백은 수비라는 형이 원칙으로 됩니다. 공수겸용으로 안정된 플레이가 싹틉니다. 그러나, 백쪽에서의 공격이 무디어지기 쉬워져서, 쇼트 전법의 연구가 필요하게 되어집니다.

● 드라이브 주전형

가장 많은 타입으로, 뒷면 소프트 러버를 사용, 풋워크를 살리면서 중진에서 공격을 걸고, 스매시로 결정타를 먹이는 겨냥 때문에, 엄지는 비교적 깊이 들고, 중지 등의 세 손가락도 뻗어서, 손가락 끝의 바닥(배)이 라켓면에 닿게 쥐는 법이 됩니다.

이 타입은 공격받은 볼을 공격해서 돌리는 강타 대 강타 전술때 많이 쓰고, 풋워크를 중시해서 가급적 포에서 치며, 백쪽은 쇼트나 찌름(쫌)이 많아집니다. 백핸드는 라켓을 옆으로 향해서 치는 케이스가 많아집니다.

● 중국식(中國式) 전진속공형(前陣速攻型)

전진에서 손목의 강함을 살리고, 포·백을 휘두르고, 쇼트를 사용, 서브에 변화를 붙이려고 하는 형을 위해 가급적 라켓을 엷게 쥐고, 뒷쪽도 손가락을 구부려서 포·백의 반격을 스무스하게 합니다. 순간적

으로 반응하기 쉽게 하기 위해서, 엄지와 인지는 라켓의 손잡이를 쥐어 라켓의 앞면에서 이 두개의 손가락이 떼어진 대로의 상태, 요컨대, 움켜줌이 됩니다.

  이 그립은 신체의 전방에 타구점을 갖고오므로 반구가 빨리 되고, 코스의 분간이 하기 쉽고, 속공이 됩니다. 상당한 근력이나 훈련이 필요해 집니다.

● 컷 주전형(主戰型)

  세이크핸드·그립의 주류라고 할 수 있는 컷 전법은, 언제나 일정한 각도로 볼을 잡고, 컷을 안정시키기 위해서 유의한 다소 깊은 그립이 사용되고 있읍니다. 엄지가 깊이 들고, 중지등 세 개의 손가락은 바닥으로 손잡이를 쥐고 있읍니다. 포·백도 일정한 각도로 컷할 수 있으나, 아타크는 주로 포가 되는데 연습여하로는 백핸드 공격도 스무스하게 되어지게 됩니다. 리듬을 살린 풋워크와 끈질긴 정신력의 양성이 필요합니다.

● 변환자재형(変幻自在型)

　세이크핸드·그립이라도 컷에 한하지 않고 공격을 도입, 그립을 바꿔 쥐고 라켓 양면의 이질(異質) 러버의 효능을 사용하는 형입니다. 쥐는 것은 얇게, 엄지는 라켓 본체보다 손잡이를 쥐는 정도로 스매시가 하기 쉽게 하고 있읍니다. 어디까지나 가볍게 쥐는 것이 필요하고, 그립을 바꿔 쥐는 것은 상당한 연습이 필요합니다.

● 한 개 넣기 형

　내가 행한 한 개 넣기 식 세이크 핸드 그립은 포 핸드의 드라이브의 위력을 살려서 싸우는 타입으로, 인지를 펴고, 엄지와 중지 등으로 라켓의 손잡이를 꽉 쥐는 것입니다. 무거운 라켓을 휘두르기 위해 팔의 힘도 필요하게 되고, 풋워크의 강화도 중요해 집니다. 백핸드는 볼을 바짝 잘 당겨서 휘두를 필요가 있읍니다.

　이상, 주로 많이 사용되는 전형과 그립의 관계를 정리한 것이 됩니다만, 사람에 따라서 손가락의 장단, 굵고 가는 것 등의 차이가 있어, 자기에 맞는 그립을 항상 연구해서 그것에 적합한 전형을 생각하고 연습을 하십시오.

　그립 여하로 '형(型)'이 결정되므로 그것에 합치된 라켓, 러버의 선정, 연습의 하는 법도 달라집니다. 그립은 일류선수가 되어도 조금씩 변하는 케이스가 많고, 잘못된 그립은 숙달의 방해가 된다는 것을 잊어서는 안됩니다.

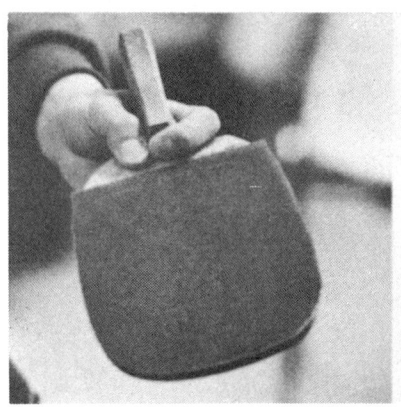 

제2장
모든 것은 기초부터

탁구의 기본기술

최근 선수 사이에서 기본연습을 등한시 하고, 라켓이나 러버의 성능에 의존해서 승부를 하려는 경향이 보입니다. 이것은 선수의 숙달을 방해하고, 나아가서는 나라 전체의 기술 수준의 저하를 초래하는 결과가 되어 옵니다.

기본은 모든 것의 근원입니다. 이것을 확실히 닦아두면 크게 성장하는 양식을 얻은 것과 마찬가지입니다. 그만치 기본은 어떠한 선수에게도 중요한 것입니다. 기본의 하나에, 바른 폼의 습득(習得)이 있읍니다. 이 바른 폼의 형성은 장래 크게 뻗어가는 근본이 됩니다. 롱 싸움에 강해지려면 바른 폼으로 좋은 드라이브, 강한 스매시를 몸에 붙이지 않으면 안됩니다.

그런데, 바른 폼이 몸에 붙어있지 않으면 좋은 드라이브도 강한 스매시도 쳐지지 않습니다. 그 때문에 롱 싸움의 숙달은 바라볼 수 없게 됩니다. 몸전체를 사용해서 치는 기본의 폼이 몸에 붙지 않고, 손으로 치게 되어버린 선수는 탁구의 위력이 부족하고, 헛된 곳에 힘이 들어서 체력이 있어도 최후에는 스태미너가 떨어져서 지는 수가 많이 있읍니다. 폼이 곱고 정확하면 한 장 러버라도 스폰지 러버의 선수 이상으로 싸울 수 있는 것은, 최근의 전국 선수권 대회에서 가끔 증명되고 있읍니다.

다음에 스트레이트와 크로스의 나눠 치는 기본 기술이 있읍니다. 이 기본을 몸에 붙이면 전술에 큰 폭이 생깁니다. 일정한 곳에 온 볼을 두 곳의 코스에 나눠 치는 것이므로, 이것이 되고 안되고 하는 데서 대단한 차이가 나오는 것입니다.

그러나 반면, 기본 기술이 단조롭고 하잘 것 없는 싫증나기 쉬운 ── 점 등의 결점이 있읍니다. 그 때문에 빨리 기본을 졸업하고 게임 등 응용 연습에 들고 싶어하는 경향이 있는데, 국내 일·세계 일이 되려면은 국내 일·세계 일의 기본 연습을 하지 않으면 안됩니다. 그 기초가 이루어지면 다음의 응용은 노력에 비례해서 뻗어나갑니다.

탁구의 기본이 안된 프로 레슬러는 아무리 체력이 있어도 스피드가 있는 볼은 치지 못합니다. 그런데 기본이 되어 있으면, 보통 사람이라도 충분히 빠른 공이 쳐집니다. 이 사람에게 프로 레슬러의 신체가 주어진다면 훌륭한 스매시가 쳐질 것입니다.

기초가 되고, 몸 전체로 플레이 하게 되면 상처도 나지 않습니다. 일단 기본이 이루어지면 마음 먹은대로 플레이가 되므로, 즐겁게 오래 계속할 수 있는 원인으로도 됩니다. 또, 기본만 되면은 다음은 체력이 붙으면 붙을수록 탁구가 강해집니다.

만일 기본을 소홀히 하면 컷치기가 안된다든가, 스피드가 붙지 않는다든가, 여러가지의 결점이 나오고, 정상의 선수로는 못됩니다.

그런데, 기본 플레이 중에서 가장 중요한 기본 플레이는 '포 크로스'의 치는 법입니다.

국가 선수권에도 최근에는 랠리의 계속하는 시합이 적어졌읍니다만, 이것은 포 크로스의 기본이 충분히 행해지지 않기 때문입니다. 기본을 게을리 하면 폼이 흐트러지고, 끈기있는 플레이가 안되는 것입니다.

기본을 충실히 하면 끈기와 집중력이 양성됩니다. 그 위에 폼을 정확하게 익힐 수가 있읍니다. 시합에서는 일구(一球) 일구를 생각하며 칠만큼 시간의 여유가 없으므로 기민성이 중요해집니다만, 폼을 몸에 익혀두면은 무의식 중에 바른 타법(打法)으로 반격할 수 있고, 민첩한 탁구가 됩니다.

그런데, 이 기본 연습은 꾸준히 해두지 않으면 무너진다는 장해가 일어납니다. 기본연습을 쉬면 중심(重心)의 이동이 우습게 되거나, 겨드랑이가 물러지거나, 볼의 모양이 우습게 되는 등 폼이 무너지기 쉽습니다. 그러므로, 언제나 기본 기술을 닦고 손질을 게을리 않는 것이 중요합니다.

세계의 톱·플레이어는 언제나 기본연습을 하고나서 응용연습에 드는 것입니다. 이만치 기본은 중요한 것이므로 충실하게 합시다.

포롱의 기본자세

타법은 포 핸드(fore hand)와 백 핸드(back hand)의 둘로 구분됩니다만, 그 중에서도 포 핸드의 롱이 가장 많이 쓰입니다. 그래서 맨 처음에 포롱을 공부하게 되겠읍니다만, 그것에 들기 전에 '기본 자세'에 관해서 충분히 연구해 두는 것이 중요합니다.

이 기본 자세란 것은 '탁구의 자세'라고 말할 수 있는 폼으로, 포

핸드에도, 백 핸드에도 바꿔지는 맨 처음의 자세입니다. 차의 운전으로 치면 클러치를 뉴트럴에 넣어서 로우, 세컨드, 톱의 전진(前進)과 백의 후퇴의 어디에라도 기어첸지가 되는 자세로 있는 것입니다. 이 자세에서 포 핸드의 자세로 옮기고, 그 위에 포 핸드의 타법을 행한다는 순서가 됩니다.

 기본 자세에서 가장 중요한 것은 하반신의 자세입니다. 먼저 오른발보다 왼발을 앞으로 하고 팔(八)의 자형(字型)으로 발을 벌립니다 (右打의 경우).

 이때 보폭은 어깨폭보다 약간 넓게 잡습니다. 이어서 무릎을 가볍게 구부려서 언제라도 움직일 수 있게 합니다. 이때 허리를 내리거나 구부리지 않도록 합니다. 허리는 잘 돌게 해두고 싶으면, 엉덩이 밑을 조금 위로 올리는 느낌으로 합니다. 그리하면 자연히 발끝에 체중이 많이 걸리게 되어서 전경자세(前傾姿勢)가 생깁니다.

 허리가 내려져 버리면 발뒤꿈치에 많은 체중이 걸려서 움직이기가 고통스럽게 됩니다. 허리의 회전도 늦어집니다. 무릎을 가볍게 구부려 엉덩이를 들어올리는 것처럼 자세를 잡았으면, 이번에는 상반신을 약간 앞으로 숙입니다. 배골은 쭉 꿋꿋하게 펴지 말고 약간 좀 앞으로 둥글게 구부리는 기분으로 양어깨를 조금 둥글게 해봅니다. 그리고 라켓을 쥔 오른손은 몸의 앞, 오른쪽 가슴의 앞 근처에 멈춥니다. 왼손은 이것도 왼쪽 가슴의 앞 근처에 둡니다. 이것은 양어깨를 벌리지 않게 하기 위해서이기도 하여, 어깨를 약간 둥글게 해서 몸의 앞에서 그것이 연결되는 듯한 느낌으로 합니다.

얼굴은 우선 턱을 당기고 약간 눈을 칩떠서 정면보다 약간 좌전방의 볼을 보게 합니다. 이것은 턱이 올려진대로이면 볼은 몸 앞에서 칠 수가 없게 되고, 몸의 오른쪽 옆에서밖에 칠 수가 없게 되어 뒤에 퍽 불리하게 되기 때문입니다.

이렇게 해서 기본 자세의 외형을 정돈했으면, 이어서 몸의 중심(重心)이 언제나 턱 아래에 있도록 유념하십시오. 그러기 위해서는 발뒤꿈치를 조금 띄우고, 무릎은 바깥쪽으로는 절대로 돌리지 말고 정면이나 약간 안쪽으로 하고, 가볍게 죄입니다. 그러면 발의 엄지에 자연히 힘이 들게 되어, 이것이 잘잘한 동작으로 옮기기 쉬워지는 근원이 됩니다.

이때의 스텝의 넓이는 어깨폭 보다 약간 좀 넓은편이 원칙입니다만, 자기의 체형이나 체력에 맞춰서 가장 움직이기 쉬운 스탠스를 찾아내 십시오. 이것은 대시할 때에 제일 빨리 스타트가 떨어지는 보폭이며, 또 라켓을 휘두를 때 제일 빨리 휘둘러지는 스탠스이기도 합니다.

또 간혹 왼손이 방해가 되는 느낌의 사람이 나오리라고 생각합니다만, 왼손은 칠 때에 밸런스를 잡거나, 타법의 시작에 선도역을 다하는 역할을 하므로 잘 쓰는 법을 연구해 봅시다. 왼손의 복사뼈는 기본 자세일 때 왼쪽 가슴의 앞 부근에 둡니다만, 이것은 왼어깨를 조금 오므리고 왼무릎을 구부리면 자연히 손등이 바깥쪽으로 돌려져 몸 앞에 오게 됩니다. 포 핸드로 치기 시작할 때 먼저 왼어깨를 안쪽으로 넣고, 상반신을 우로 비틀어서 볼을 잡고, 이번은 반대로 상반신을 좌로 비트는 동작으로 반격하는 것이므로, 왼어깨는 언제나 치기 시작할 때, 안쪽으로 바로 들어가게 해둡니다. 그런 기분으로 왼어깨를 오므립니다. 그때 왼팔에도 볼을 치는 기분을 지니게 합니다.

그 까닭은 공이 날라와서 왼어깨를 안쪽으로 넣으면 왼손등에 볼이 맞아서 튕겨 되돌아가는 것같은 느낌이 되기 때문입니다. 이것은 왼손에 의한 선도역이라 생각하십시오.

또 겨드랑이의 죄는 법은 팔꿈치의 위치로 조정이 됩니다. 팔꿈치는 몸 곁에 딱 붙이지 않고 어깨에서 팔이 수직으로 드리워진 폭으로 하며, 그 위치에서 조금 앞으로 냅니다. 그 팔꿈치는 직각으로 구부려져 있고, 손목은 팔에서 똑바로 뻗어 있읍니다. 어깨폭과 같은 간격으

▲ 자, 볼이 어느 방향에서 어디로 와도 바로 움직일 수 있다는 것이 기본자세입니다. 따라서 볼을 일구(一球) 칠 때마다 원칙적으로 이 자세로 되돌아오고 나서 치고간다는 각오가 필요합니다. 종횡 전후 등등에서 자연스럽게 움직이기 쉬운 자세를 생각해 봅시다. 발뒤꿈치는 가볍게 떠 있고, 엉덩이가 올라서 어깨의 힘을 빼는 무리없는 자세가 요구됩니다.

로 놓여진 두 개의 팔꿈치의 구부리는 법, 그것과 손목을 떨어뜨리지 않으며 팔에서 똑바로 뻗는 일이 포인트 입니다.

또 발의 위치 등을 점검해 봅시다. 왼발의 발끝은 언제나 볼을 치는 방향을 향해 있도록 갖춥니다. 이 발끝은 반격하는 볼의 방향 지시기(方向指示器)입니다. 이번은 저쪽으로 쳐야겠다는 콘트롤 역(役)이며, 그 왼발에 대해서 오른발은 45도로 벌리는 것이 가장 적절한 발의 벌리는 법이라고 하겠읍니다. 그리고, 이 발의 발끝에서 발끝으로 중심(重心)을 옮겨서 치는 것이 됩니다.

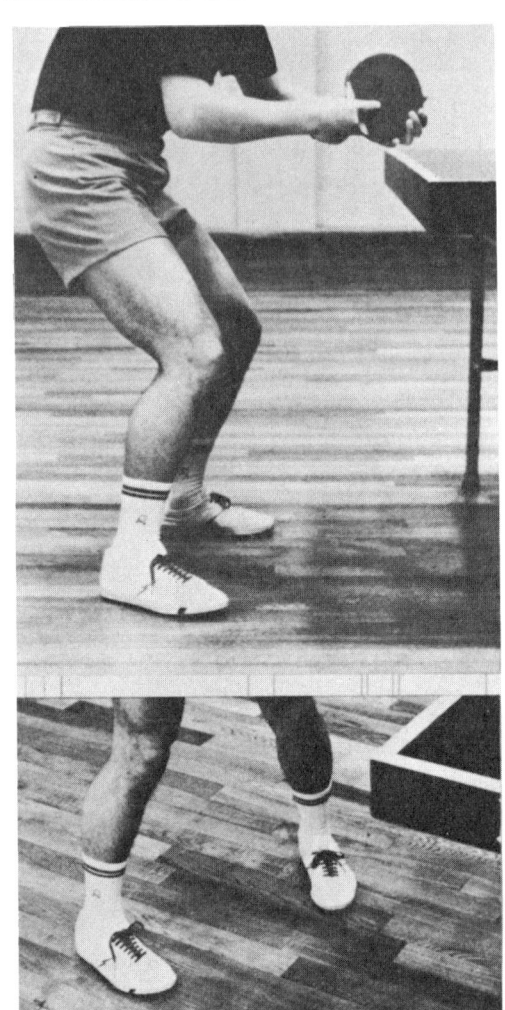

◀ 허리가 처져있는 나쁜 기본자세의 예입니다. 허리가 처지면 발뒤꿈치가 마루바닥에 붙어, 스타트가 나빠집니다.

◀ 양발이 안쪽으로 향하는 나쁜 예입니다. 움직이기 어려운 데다가, 타구가 불안정하게 되고, 자기가 자기를 괴롭히고 갑니다.

그런데, 이 기본자세 중 나쁜 예를 조금 들어 봅시다. 우선 허리가 처져서 의자에 앉아 있는 것같은 자세의 사람이 있습니다. 이것은 몸을 이동시킬 때 늦어지고 불리합니다. 허리는 엉덩이를 들어올리는 것같이 해서 자세를 높게 합시다.

◀ 겨드랑이가 벌려져 물렁하게 된 나쁜 예입니다. 이렇게 되면 스윙이 불안정해져서, 모두 미스의 원인이 됩니다.

◀ 스탠스가 좁은 나쁜 예입니다. 풋워크로 지장을 초래하고, 움직이기 시작하면 상반신이 흔들려서 불안정하게 됩니다.

 다음으로 왼손이 처져서 놀고 있는 사람이 있읍니다. 왼손은 중심의 밸런스를 잡는 역할을 합니다만, 왼손이 처져 있으면 중심의 이동이 스무스하게 안되기 때문에 풋워크 등도 흐트러집니다. 왼손은 팔꿈치를 직각으로 구부려서 왼쪽 가슴의 앞 부근에 올립니다.

더욱더 나쁜 것은 납작발로 꾸미고 있는 사람입니다. 이것은 최초의 스텝이 늦어져서 중심의 이동이 바르게 안됩니다. 발꿈치를 올리고, 엄지를 중심(中心)으로 발끝에 체중이 걸리는 느낌으로 섭시다.

또, 왼발의 발끝이 포에 치는 타구의 방향을 향하지 않고, 백에 치는 방향에 돌린 채 하는 사람이 있읍니다. 이것은 허리의 회전이 잘 되지 않으며 상반신과 하반신의 움직임이 일치하지 않게 됩니다. 왼발의 발끝은 포에 치는 방향을 향하게 똑바로든가, 조금만 바깥쪽으로 벌리십시오.

이밖에 턱을 처든 채 하는 사람이 있읍니다. 이것은 상반신의 회전을 방해하며 왼어깨가 속으로 들어가지 않습니다. 턱은 반드시 죄이고 당기는 느낌의 습관을 붙입시다.

또한 기본 자세일 때, 중심(重心)이 신체의 중앙이 아니고 미리 오른쪽으로 기울어져 있는 사람이 많이 보입니다. 이래서는 중심의 이동이 안되므로 풋워크가 나빠집니다. 중심은 턱 아래에 놓아두십시오.

포롱의 스윙 (Swing)

기본 자세가 되면은 볼을 치기 시작합니다. 우선 라켓은 처음에는 가벼운 것으로, 러버도 너무 두껍지 않은 것이 좋습니다. 이것은 자기의 스윙으로 치는 것을 빨리 익히기 위해서이고, 러버나 라켓의 힘으로 자연히 튀어서 되돌아오는 타법이 되는 나쁜 버릇을 붙이지 않기 위해서입니다. 볼은 자기의 힘으로 반격한다는 생각을 단단히 머리에 넣어두십시오.

먼저 기본 자세를 잡으면 눈길(시선)은 상대의 라켓의 타점에 줍니다. 이때, 턱을 약간 당기고 치떠서 볼을 보게 합니다. 눈길은 언제나 볼을 쫓는 것이 되므로, 볼의 이동과 함께 상대의 라켓면에 닿는 곳에서 자기의 라켓면에 닿는 곳까지의 사이를 왕복하는 것이 눈길의 동작입니다.

볼이 날아오면 치기까지의 준비동작이 시작됩니다. 왼어깨를 안쪽에 넣고 그것에 따라서 허리가 뒤로 돕니다. 요컨대 우회전하는 것입니다.

▲ E선수의 포 롱(fore long)

① 의 기본자세에서, ② 의 백스윙으로 옮겨서 볼의 움직임을 잘 눈으로 포착하고, ③ 으로 볼을 충분히 바짝 당겨 임팩트의 순간까지 시선을 볼에서 떼지 않고, ④ 로 라켓을 치는 방향으로 밀어내어 턱을 당기고 있읍니다. ⑤ 로 충분히 라켓을 씌우고 바운드를 누르며, ⑥ 으로 타구의 행방을 보면서 벌써 기본자세로 되돌아오려고 합니다.

▲ J선수의 포 롱 (fore long)

① 의 기본자세이 때부터 상대의 움직임을 보고 타구의 방향을 재빨리 읽고, ② 로 왼어깨를 넣으면서 백스윙에 들며, ③ 으로 허리를 충분히 비틀어서 허리를 사용하여 치는 체세를 잡고, ④ 단단히 바짝 당겨서 임팩트의 순간을 보고, 친 다음도 될 수 있으면 반발해서 뛰는 볼을 보려고 하며, ⑤ 로 체중을 좌로 옮기면서 휘둘러빼고, ⑥ 으로 오른손의 되돌림이 시작됩니다.

이어서 왼쪽 무릎이 안쪽에 듭(入)니다. 이때 어깨나 팔의 힘을 기본 자세의 때보다 조금 빼면 어깨에서 무릎까지의 회전이 순조롭게 됩니다. 그 결과 오른손으로 갖고간 라켓이 조금 아래로 내려지려 합니다만, 허리는 언제나 지면에 대해 수평의 형태로 돌게 유의합니다. 라켓은 조금 처지나, 오른쪽 겨드랑이는 역으로 죄이는 느낌으로 백 스윙을 잡습니다.

라켓을 숙이면서 가볍게 당기면 왼발의 발꿈치는 완전히 뜨고 오른발에 중심이 옮겨옵니다. 라켓의 각도는 안쪽으로 향한대로 입니다. 바꿔 말하면 라켓면은 코트를 향하고 있읍니다. 이때 라켓면이 열려서 상향이 되거나 외향이 되거나 하지 않게 합시다.

백 스윙이 끝나면, 치기 시작하는 것입니다만, 타구점은 몸의 오른쪽 옆구리의 앞으로 하게끔, 미리 가볍게 움직여서 준비해 두는 일과, 상대에게도 이쪽으로 볼이 오게 치도록 하는 등을 연구해 두는 것이 연습의 효율를 올립니다.

그리고 스윙에 듭니다만, 백 스윙에서 죄여있는 오른쪽 겨드랑이를 약간 떼어서, 라켓면으로 볼이 잡히도록 합니다. 몸과 볼과의 간격을 무릎의 위치와 구부리는 각도로 약간 조정하고, 무릎이 오른쪽 옆구리에서 조금 떼어져 무릎의 각도로 90도보다 크게 되어 갑니다. 그리고 오른쪽 옆구리의 앞에서 볼을 잡고, 치는 방향에 라켓을 밀어내는 것처럼 휘두릅니다. 그러면, 자연히 라켓은 휘두른 다음 머리 앞으로 옵니다.

　왼팔도 볼의 방향으로 움직이게 합니다. 치는 순간에 오른손목의 스냅은 자연히 걸릴 때만 거는 기분이며, 일부러 거는 일은 없읍니다. 치고나면, 오른발 발뒤꿈치가 뜨고, 왼발에 중심이 옮겨 집니다. 이 동작을 행하는 사이에 어깨, 허리, 무릎이 회전하여 팔의 움직임을 돕습니다.

　그런데, 이 스윙의 처음에는 어깨의 힘을 빼고 몸을 부드럽게 합니다만, 치는 순간에는 다리와 허리 배의 힘살 등에 힘을 넣어 숨을 멈추고 전신에 힘을 넣어서 획 치는 기분이 필요합니다. 백 스윙(back swing)일 때는, 솜처럼 가벼운 볼을 치는 기분으로 릴랙스해서 힘을 빼고, 라켓에 대는 직전에는 쇠덩어리 공을 치는 각오로 몸전체를 사용해서 발끝에서 머리의 머리카락 끝까지 신경을 긴장시키고 치는 패기를 갖습니다.

　그리고, 이때의 타구점입니다만, 라켓면의 손잡이의 중심선상 (中心線上)에서 러버의 중앙보다 바깥쪽(밑에 가까운 쪽)에 댑니다. 드라이브를 걸 때는 중심선상보다 약간 위로 댑니다. 언제나 볼이 닿는 면은 일정하도록 해 두십시오. 러버의 입가심으로 맞을 때는 불안전한 반구밖에 안됩니다.

　치기 직전까지는 어깨나 팔에 너무 힘을 주지 말고, 라켓에 볼이 닿는 직전에 꾹 힘을 주는 것은 대단히 중요한 것입니다. 그리고 친 직후에는 즉시 힘을 빼는 것도 중요합니다. 즉 임팩드의 순간(볼이 라켓

에 닿는 순간)에 최대의 힘이 들고, 그 전후는 힘을 빼는 것이 스윙을 빨리 매끄럽게 하며, 또한 가장 위력이 있는 공을 치는 하나의 요령입니다. 숙달하면 할수록 근육이 릴랙스한 상태가 길고, 근육이 긴장하고 있는 시간이 짧게 되어집니다.

그런데, 이 스윙의 크기입니다만, 몸 전체를 크게 사용하는 것을 잊지말아 주십시오. 크게 쓴다는 것은 죄여있던 왼쪽 무릎이 조금 타구의 방향으로 움직여서 벌어지는 것에 비해, 오른쪽 무릎은 그것보다 크게 안쪽으로 돌아서 드는 느낌이 되고, 그것보다 크게 허리가 돌게되며, 더욱더 그것보다 크게 어깨가 회전합니다. 그것은 팽이가 회전하는 형태와 흡사합니다. 팽이의 굴대는 하방에서 작게 돌고, 줄을 둘둘 감는 동체(胴体)의 부분은 위로 갈수록 크게 돕니다. 그리고 정상(頂上)에 나와 있는 굴대의 부분은 또 작게 돌고 있읍니다. 그것과 마찬가지로 발쪽에서 허리, 어깨로 갈수록 큰 회전이 되고, 머리나 얼굴의 회전은 그다지 크게 안됩니다.

처음 동안은, 어깨의 회전은 허리의 비틈을 상회(上回)한다는 기분으로 휘둘러 보십시오. 그리고 나서 서서히 크게 몸을 사용하는 습관을 몸에 붙입시다.

다음에 라켓의 이동입니다만, 치기 시작할 때 라켓면이 열려서 상향이 안되게 주의하고, 러버면이 탁상을 보는듯한 상태가 되도록 경사로 씌운 채 스윙을 시작합니다. 이때 급히 볼을 치려고 가면, 손이나 팔만이 먼저 움직여서, 볼을 오른쪽 옆구리의 앞보다도 훨씬 앞의 얼굴 앞이라든가, 가슴의 앞에서 쳐 버리는 수가 있습니다.

이렇게 하면 수타(手打)가 되어서 모처럼 백스윙으로 축적한 신체 비틀의 용수철이 못쓰게 됩니다. 치기 시작하기 전에, 볼을 충분이 바로 앞에까지 바짝 끌어 당기고 나서 스윙에 옮깁시다. 백 스윙을 하는 것은 볼을 충분히 끌어 당기기 위해서이기도 합니다. 백 스윙을 천천히 잡고, 볼을 바짝 끌어당기는 타이밍을 익힙시다. 그리고 볼을 오른쪽 옆구리의 앞까지 자기가 불러 들이는 기분을 파악 하십시오.

이때 눈길(시선)로 볼을 쫓는 습관을 붙여 두면, 볼이 얼마만큼 끌어 당겨졌는 지를 알기쉽게 됩니다. 눈길로 쫓는다고 해도, 가까이 온 볼은 동자만을 움직여서 볼 수는 없습니다. 응당 얼굴을 옆으로 돌리게 됩니다. 볼은 언제나 둘의 눈을 저변으로 한 이등변 삼각형(二等邊三角形)의 정점에 있게 얼굴을 움직입니다. 그것이 알기가 어려우면 볼을 얼굴의 중앙에 똑바르게 붙어있는 코의 선에서 쫓으십시오. 얼굴은 언제나 볼의 정면을 마구 대하고 있는 것입니다. 얼굴의 방향은 턱을 당기고 있는 상태가 많으므로, 치떠보기 쉽습니다만, 칠 때는 응당 위에서 내려보고 있습니다. 그리고 라켓면에 닿는 곳까지 보도록 유의합시다.

처음에는 라켓에 대는 것이 고작이여서 임팩트의 순간까지 눈으로 쫓는 것은 어렵다고 생각합니다만, 눈길의 이동폭이 적기 때문에, 볼이 눈길에서 사라진 곳에서 치는 수가 없도록 하십시오. 맨 처음, 막연하게 있어도 좋으니 눈길을 오른쪽 옆구리의 앞까지 움직여 봅시다.

그리고, 이리해서 볼을 끌어당긴 후, 라켓을 휘둘러 볼에 댑니다. 이때 라켓의 중심선상에서 볼을 잡습니다만, 맞게 되는 볼쪽은, 바로 옆보다 약간 위를 잡아 당겨지는 느낌이 됩니다. 볼의 바로 옆을 치면, 스윙으로 라켓이 밑에서 위로 들어 올려지기 때문에, 볼이 밑에서 비벼 올려져서 드라이브가 걸립니다. 볼의 바로 옆보다 약간 윗쪽을 치면, 스윙으로 비벼올려지는 작용이 그다지 나지않아, 온순한 공이 나옵니다. 그래도 러버로 상당히 밑에서 비벼올려지기 때문에 볼은 타구한 위치보다 높이 올라서 네트를 넘어 상대의 코트까지 날라가는 것입니다.

　이리해서 러버와 볼이 부딪쳤읍니다. 이 임팩트의 순간은 전신에 힘이 들고 어깨, 팔, 무릎, 손목도 대단히 힘이 붙어 있읍니다. 물론 호흡은 멈춰져 있읍니다. 이어서 친 후는 라켓을 씌워서 머리의 앞으로 운반합니다. 이때 무릎을 사용해서 라켓을 씌우려고 드는 사람이 있는데, 상체 전체를 사용해서 씌우게끔 어깨나 동체의 비틈, 허리의 쓰는 법에 연습을 해보십시오.

　그리고 이 피니시에서는, 타구점이 어디에 있어도 반드시 라켓은 머리의 앞으로 갖고 옵니다. 이것은 다음의 볼을 칠 준비가 벌써 시작되었음을 가리키고 있읍니다. 어떤 스윙이라도 반드시 머리의 앞으로 라켓을 갖고 오고는, 라켓을 얼굴 앞에 내리고, 벌려있는 겨드랑이를 죄면서 원 위치로 라켓을 되돌립니다. 그때 회전한 허리는 오른쪽에서 당겨, 발끝 서기로 원 기본 자세로 되돌아오는 것입니다.

　이 스윙을 마스터 하는 방법으로써 몸짓이 자주 행해집니다. 몸짓은 그저 막연히 하고 있으면 오히려 나쁜 버릇을 몸에 익힐 뿐으로, 해는 있어도 이익은 없읍니다. 몸짓을 할 때는 반드시 실제로 볼이 날라와서 그것을 칠 각오로 하십시오. 하나의 휘두름, 하나의 휘두름이 실전과 같은 기분으로 휘두르는 것입니다.

　그리고, 아직 자기의 폼이 굳어지지 않은 사람이는가, 바른 폼으로 고쳐 굳히려는 사람은, 연속해서 일시에 오백 회에서 천 회 정도 휘두르도록 합시다. 조정 때문이나 어느 정도 폼이 굳어진 사람은 전력으로 30회 정도를 1세트로 하고, 쉬워가며 그것을 몇 십 회고 하는 것이 좋습니다.

  친구나 신생에게 폼을 보이고 자기가 미처 알지 못한 결점을 수정받거나 거울을 보고 자기가 장단점을 찾아보는 것도 필요합니다. 또 주변에 폼이 바른 사람이 있으면, 그 폼을 잘 보고 모방하는 것도 좋은 연습이 됩니다.

  어떻든, 언제나 머리 속에 어떠한 폼이 좋은 폼인가, 어떻게 하면 좋은 폼이 되는가를 생각하고, 연구하면서 연습하는 일이 숙달의 비결입니다.

쇼트 치기 (short stroke)

  쇼트 타법은 경타(軽打)의 하나로써, 시합에서는 상당히 응용 범위가 넓습니다. 최근에는 스매시(smash) 등 강타가 중시되어서, 연계의 타법이기도 한 경타가 소홀해지기 쉽습니다. 그 때문에 랠리(rally)의 지속이 안되고 단조하며 끈기가 결핍하는 탁구가 많아지고 있읍니다. 그 반성도 포함해서 경타의 근본이 되는 쇼트 치기를 충분히 마스터해서, 끈기 강하게 폭 있는 탁구를 몸에 붙였으면 하고 생각합니다.

  보통의 롱(long)으로 치고, 쇼트로 되돌려진 볼은, 일반적으로 스피드도 그다지 없고, 바운드도 그리 높지 않습니다. 그러나, 이쪽이 롱으로 세게 치면 칠수록 쇼트의 반구는 빨리 돌아오고, 코스도 좌우로 흩어져 치기 어렵습니다. 따라서 처음은 천천히 경타하는 것부터 연습에 들고, 다시 조금씩 빠른 피치로 치며, 빠른 피치로 되돌아오는 공에 익숙해지는 목표로 시작합니다.

  스윙(swing)의 기본은 우선 약간 작은 폼으로 치는 것입니다. 폼을 크게 하면, 그만치 라켓의 되돌아옴에도 시간이 걸리고, 피치를 빠르게 치기가 어렵게 되기 때문입니다. 이어서 백 스윙일 때, 라켓을 떨어뜨리지 말고 손목의 각도는 팔에 기댄대로 뻗어서 칩니다. 롱일 때는 백 스윙을 천천히 잡고, 일단 손목을 구부려서 라켓을 떨어뜨리고서 치기 시작합니다만, 쇼트 타법일 때에는 왼어깨를 조금 안쪽으로 넣고, 오른

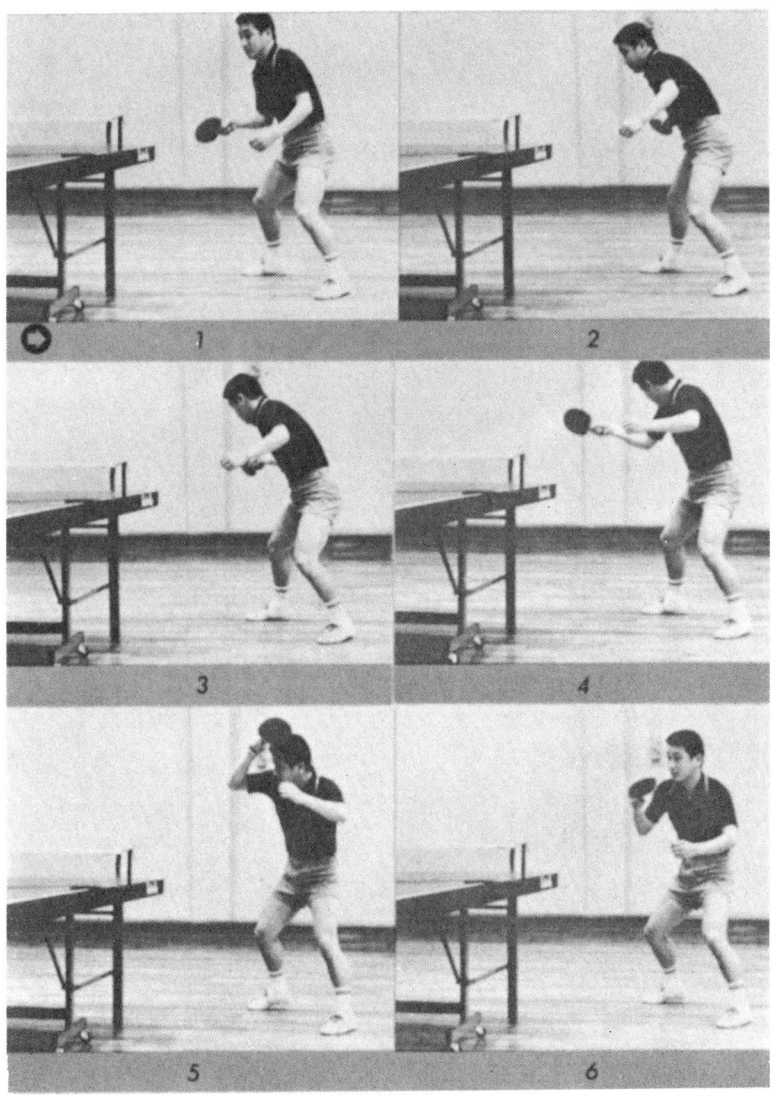

▲ J선수의 쇼트치기

① 의 기본자세는 언제나 같습니다만, ②로 백스윙에 옮길 때부터 겨드랑이를 죄고 작은 폼으로 치는 체세를 잡습니다. ③부터 ④에서는 타구의 정점을 잡고 치기 위해서의 스윙에 들고, ⑤로 휘둘러설 때도 이마의 위까지 라켓을 올려서, ⑥으로 재빨리 작은 모션으로 원 기본자세에 되돌아옵니다. 스윙만은 단정하게 휘두르는 것이 중요합니다.

▲ K선수의 쇼트치기

① 의 기본자세에서, ② 의 백스윙의 시작까지 그다지 큰 변화가 없는 것은 느린 쇼트에 충분히 타이밍을 맞추려고 하기 때문입니다. 쇼트치기는 그 타구의 속도에 의해서 타이밍을 잡는 것이 매우 중요합니다. ③④ 로 충분히 바짝 당겨 정점을 잡고나서, ⑤ 로 턱을 죄며 충분히 휘둘러 빼고, ⑥ 으로 제자리로 되돌아가는 것입니다.

어깨를 당겨도 오른 손목은 구부리지 않은 채 그대로 치기 시작합니다.
이것만으로 상당히 폼이 작아지고 피치가 빨라집니다. 다음에 겨드랑이는 벌리지 않고 죄인 채로 하며, 몸을 움직여서 볼의 정점을 두드릴 수 있도록 갖고 갑니다. 스윙을 빨리 잡으면 돌아옴도 빨리 됩니다. 쇼트는 빨리 치면 빨리 돌아오고, 천천히 치면 천천히 돌아오는 특성이 있읍니다. 따라서, 그 특성을 살려서 코스가 흩어지거나 할 때는 한 번 피치를 늦추고 자세를 갖춘 후, 또 빠른 피치로 되돌릴 수도 있읍니다. 어떻든 쇼트 볼의 반구 연습에는, 언제나 일정한 곳에 보내고, 상대에게도 반구하기 쉽게 하면은 연습이 진척됩니다.
  쇼트 타법은 폼 만들기의 방법으로서도 유효합니다. 또 단조롭고 반복 연습이 많으므로 집중력의 양성에도 적합합니다. 항상 규칙 바르게 빠른 피치로 정확하게 치고 타구감을 익혀 두십시오. 이 타법이 몸에 붙으면 탁상의 작은 바운드의 볼을 줍고 포인트할 때도 도움이 됩니다. 이때는 백 스윙은 생략하고 갑자기 볼의 정점에 라켓을 갖고가서 거기에서 재빠르게 스윙하고, 코스를 찌르는 공격법을 합니다. 포(fore)의 앞에 작게 떨어진 볼의 반구 등에 사용하는 것입니다.
  쇼트 치기의 연습은 주로 백 크로스를 사용해서 행합니다만, 스트레이트·코스라도 연습하고, 크로스, 스트레이트의 양사이드에 반구되도록 해둡시다.

컷 치기 (cut stroke)

  삼파전(三巴戰)의 원칙이란 것이 있읍니다. 롱 타법(long stroke)은 컷 타법(cut stroke)에 우수하고, 컷 타법은 쇼트 타법에 우수하고, 쇼트 타법은 롱 타법에 우수하다──라는 것입니다. 이것은 어느 타법이 어느 타법의 약점을 찌르는데 보다 유효하느냐의 원리를 비유한 것으로, 롱과 컷이 대전하면 롱이 공격일방이 되고 컷은 수비일방이 되기 쉬우므로, 롱이 이긴다는 것입니다.
  그러나 컷은 쇼트와 대전하면 유리하게 됩니다. 쇼트 타법은 본래부터 상대의 볼의 빠름을 이용해서 반발로 공격하는 타법인데, 컷의 볼은 조금도 빠르지 않아 되튀겨 보낸 볼도 느린 공이 됩니다. 이래서는

쇼트로 빨리 반격할 수 없게 되므로, 결국 쇼트는 컷의 변화를 만나서 부서지는 것입니다. 그러나 이 쇼트도 롱으로 공격당하면, 그 힘을 이용해서 되튀겨 보냄으로 롱(long)의 선수는 자기가 친 공의 빠름에 고통하며 진다는 것입니다.

이것은 각기의 타법이 지닌 장단점을 잘 나타낸 말이라고 생각합니다. 그래서 컷치기를 연습할 때는, 롱은 컷에 우수하다는 신념을 갖고 그것을 스스로 실증하는 기분으로 대전하십시오. 컷선수의 공격은 잘 리느냐 안잘리느냐, 전진이냐 후진이냐, 우냐 좌냐의 어느 쪽입니다. 그 스피드는 느리게 움직이면 반드시 이쪽의 사정거리에 잡히는 볼 뿐입니다.

그래서 롱은, 제1로 미스를 안할 것, 제2로 찬스는 놓치지 않고 공격할 것을 염두에 두면 좋으므로, 싸우기 쉽다 하겠읍니다.

그런데, 컷치기(cut stroke)에서 중요한 일은, 쇼트치기나 롱의 기본에서 굳힌 바른 폼을 흐트러지지 않는 일입니다. 컷 치기의 연습을 잘못하면 바른 폼이 흐트러져, 연습하면 할수록 탁구가 무너진다는 연습의 역효과 작용이 나타납니다. 컷치기는 일견 쉬운 것 같으나, 그 뒤에 항상 '폼을 흐트린다'라는 독아(毒牙)가 숨어 있다는 것을 잊지 말아 주십시오. 특히 초심자 중에 이 컷치기를 극복 못하고, 자신을 잃은 케이스가 있읍니다. 그래도, 대수롭지 않은 계기를 잡는 것으로 다시 일어날 수가 있읍니다. 그러나 그 계기를 잡기까지는 대단한 고통이 때때로 있읍니다.

그러한 주의를 마음 속에 간직하고 컷치기를 시작합시다. 우선 컷의 볼에는 잘린 볼과 안잘리는 볼이 있읍니다. 이것에 현혹되지 않기 위해서 그 차이를 분별합니다만, 그 근본은 눈입니다. 상대 라켓에 볼이 맞는 순간의 스피드, 라켓이 멈추는 위치나 멈추는 방법 등, 상대의 모션에서 생각합니다. 다음에 날라온 볼의 움직임으로 확인할 수도 있읍니다. 또 탁상에서 바운드 했을 때의 소리로 듣고 구별할 수도 있는 케이스도 있읍니다. 온갖 방법으로 잘렸는가 안잘리는 가를 분별하는 버릇을 붙여둡시다.

그러면 컷 치기에 옮깁니다. 그 제1은 몸전체를 사용해서 크게 잡고, 크게 되보낸다는 것입니다. 컷의 볼은 스피드가 부족하고 움직이지 않아도 리치안으로 오는 볼이 상당히 있읍니다. 이것은 손목만으로 반격할 수가 있는데, 그것을 하면 폼을 흐트러지게 하는 원인이 됩니다. 안이하게 돌려서는 안되는 것입니다.

우선 그 느린 컷볼에 대해서 자기가 잘 움직여서 오른쪽 옆구리의 앞으로 갖고오는 것입니다. 이것은 기본의 자세를 유지하고 자기가 가장 치기쉬운 위치에 볼을 끌어당겨 두는 것을 의미합니다. 가슴 앞에

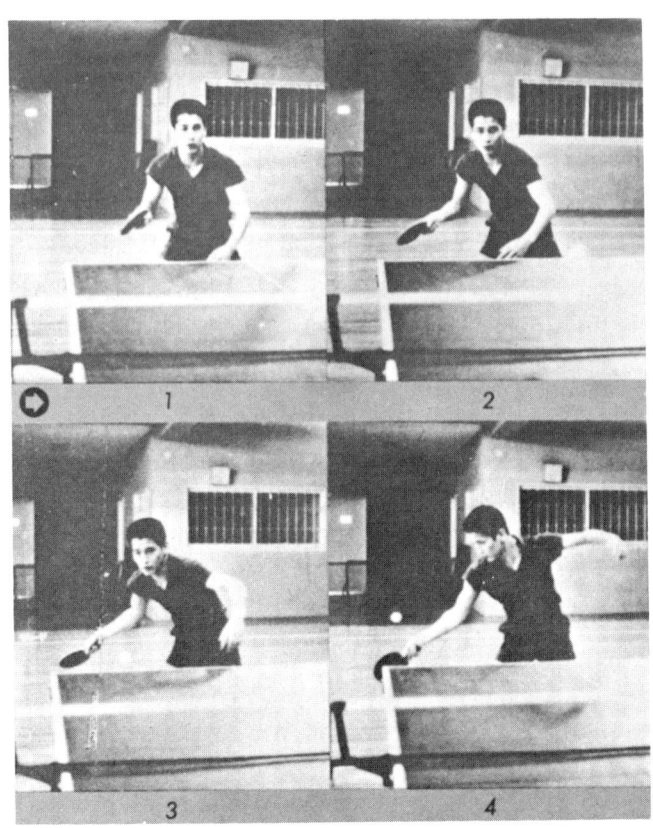

▲ J선수의 컷치기
 전방에서 본 컷치기에서는 ①의 기본자세부터, ②의 백스윙의 시작까지 컷의 스피드에 맞춘 차분한 당김이 보입니다. ③으로 무릎을 구부리면서, ④로 충분히 끌어당기고 큰 백스윙을 해서 정점보다 약간 처진 곳을 잡고, 무릎과 손목의 용수철을 충분히 사용하고 비벼 올리듯 치고 있읍니다.

 볼이 왔다든가 오른손이 닿는다 라는 이유로 전방에서 볼을 치는 것은 금물입니다. 언제나 빨리 움직여서 오른쪽 옆구리 앞으로 볼을 갖고와 두는 것입니다. 이것만으로 수타가 되는 것이 피해집니다.
 수타(手打)가 되지 않는다──이것이 폼을 흐트리지 않는 제일보입니다. 그것은 움직여서 타점을 바른 위치로 갖고 오는 것, 즉 볼을 끌

▲ 옆쪽에서 본 컷치기에서는 ① 의 기본자세부터, ② 의 스윙으로 옮기는 곳에서 스탠스를 넓혀, ③ 으로 무릎을 구부리면서 낮은 자세를 잡고있는 것을 알 수 있읍니다. ④ 로 정점에서 떨어져오는 곳을 단단히 바짝 당겨서 치고, 스냅과 무릎의 용수철을 살려 쭉 뻗어 비벼 올리는 기분이 나타나 있읍니다.

어 당기는 것에서 시작합니다.

 이어서 치기 시작하는 것입니다만, 컷치기의 백 스윙은 좀 작게 잡는 것이 중요합니다. 잘라진 볼을 네트에 걸리지 않게 하기 위해 기세를 붙이려고 큰 백 스윙을 잡는 선수가 있는데, 대부분의 경우는 오른 어깨가 처질 뿐으로 기본자세를 흐트리는 케이스가 많습니다.

볼을 들어올리는 힘은
① ——— 작은 백 스윙
② ——— 라켓의 각도
③ ——— 폴로우 드루(follow through)
④ ——— 무릎의 용수철

의 4점이 중심이고, 보조역으로서 스냅이 보태지는 정도입니다. 아무리 잘라진 볼이라 해도 쇠의 강구(剛球)를 들어올리는 것은 아니므로, 어깨에 힘을 주고, 팔을 아래로 내려서 들어올리는 폼은 소용없읍니다. 아니 오히려, 그것은 폼을 흐트리게 하는 것이 되고 있읍니다. 그보다도, 오른쪽의 옆구리를 죄여서 왼어깨를 꾹 정면에까지 넣고, 그 움직임에 따라서 오른어깨가 수평으로 회전하여, 후방으로 오도록 상체를 비틀어 봅시다. 어디까지나 오른어깨를 안떨어뜨릴 것, 오른 손목, 즉 라켓을 아래로 숙이지 않게 어깨의 동작을 수평으로 돌려봅시다.

이것으로 볼을 들어올리는 엉뚱한 식의 변칙 타법은 피하게 되었읍니다. 이어서 라켓을 롱의 쇼트 치기나 롱 치기보다 라켓면을 약간 상향으로 세웁니다. 그리고 볼을 비벼올리는 느낌으로 휘둘러 올리는 것입니다. 이때 볼의 정점보다 약간 처진 곳을 겨냥하고 치는 것이 득책입니다. 그리고, 양 무릎은 평소의 롱 타법보다 깊이 구부려서 무릎의 용수철은 힘을 내고 리듬을 잡고 볼을 들어 올립니다. 스냅은 롱 타법의 때보다 사용법이 큽니다만, 이것에 의존하지 않는 일입니다. 특히 라켓의 밑부분을 하향으로 하고, 라켓을 일단 바닥 방향으로 숙여서 들어올려 치는 방법은 좋지 않습니다. 이것은 오른어깨를 숙여, 친 다음에 왼어깨를 숙이는 변칙 타법으로 됩니다. 어디까지나 어깨는 수평으로 돌립니다. 그리고 큰 스윙으로 차분한 기분에서 일구일구 정중하게 치고 나갑니다.

치기 서두르거나, 곰상스런 마음은 금물입니다. 어디까지나 컷치기는 몸 전체를 사용한 큰 폼이며 천천히 기분대로 치고가는 것입니다. 볼이 네트에 걸릴런지, 엔드라인의 저쪽으로 나갈런지──의 둘의 경계선내로 돌리면 좋으므로 초조하지 말고 차분하게 하나하나 정중히 되돌려갑니다. 찬스를 기다리고 공격하므로 찬스를 만들며, 찬스의 도래를 기다린다──그런 기분으로 바랍시다.

연습에서는 연속해서 치는 것이 가장 좋습니다만, 처음에는 잘리지 않는 볼이든가, 잘린 볼만을 보내게 하여, 이것을 마스터하고 나서 양쪽의 볼을 섞어서 분별해 가며 치고 가도록 합니다. 잘린 볼의 경우는 라켓의 각도를 조금 상향으로 하든가, 무릎을 보다 깊이 구부려서 용수철을 이용하든가, 스윙을 크게 뿌리쳐서 조절해 봅시다.

찔러 (쿡쿡) 치기

탁상에 작게 바운드해서 곧 떨어뜨려버릴 것같은 쇼트·컷(short cut)의 볼이나 그것을 재차 컷(cut)으로 되돌려오는 더블 컷(double cut)의 볼을 포·핸드(fore hand)로 반격하는 연습을 해둡시다. 이것은 쇼트 치기(short stroke), 컷 치기(cut stroke)의 양 타법을 도입하여 치는 법이 됩니다.

쇼트 치기와 비슷한 것은 반드시 볼의 정점을 잡고 치는 것입니다. 이것은 바운드가 작기 때문입니다. 다음에 컷치기처럼 차분한 기분으로 정중히 치는 것입니다. 이것은 볼에 그만치 스피드가 없고, 변화가 포함되어 있으므로 난잡하게 치면 미스를 유발하기 쉽기 때문입니다. 이 중에서 이 볼을 치는 포인트는 절대로 정점을 놓치지 않는 일입니다. 이를 위해서는 잘 움직여서 몸의 오른쪽 겨드랑이에 정점이 오도록 언제나 풋워크를 잘 살리지 않으면 안됩니다.

▲ R선수의 찔러치기
① 백사이드를 공격받으므로 잘 돌아들어 체세를 정돈하고, ② 로 바운드를 확인하면서, ③ 으로 볼의 정점을 잡고, ④⑤⑥ 으로 날카롭게 마음껏 뿌리치고 있읍니다. 이 마음껏 한 덕으로 공격적인 찔러치기가 되어있읍니다. 충분히 돌아들어서 바짝 당김이 좋으므로 그만치 대담한 스윙이 되는 것입니다.

충분히 여유가 있을 때는 다르지만 조금이라도 움직임이 늦으면 앞으로 나오기가 늦고, 정점에서 치는 것에 실패하기 십상입니다. 그때문에 마지막의 스텝, 즉 왼발의 내디딤은 평소보다 약간 깊이 좀 크게 됩니다. 그러므로 인해서 움직임의 지연을 커버하고 정점치기 위해서의 몸의 이동을 시간맞추게 되는 것입니다. 이리해서 볼의 정점을 오른쪽 옆구리의 앞으로 갖고오게끔 되면은 다음은 문제가 없읍니다. 겨드랑이를 죄고 볼을 끌어당긴 후, 라켓면을 약간 세운 느낌으로 해서 내고, 미트의 순간에 스냅을 살리고 나서 팔을 뿌리치면 되는 것입니다. 컷치기와 같이 전신의 용수철을 사용해서 크게 스윙하면은 좋습니다만, 탁상에서 투 바운드 할 것 같은 작은 볼 때문에, 백 스윙은 못잡게 되

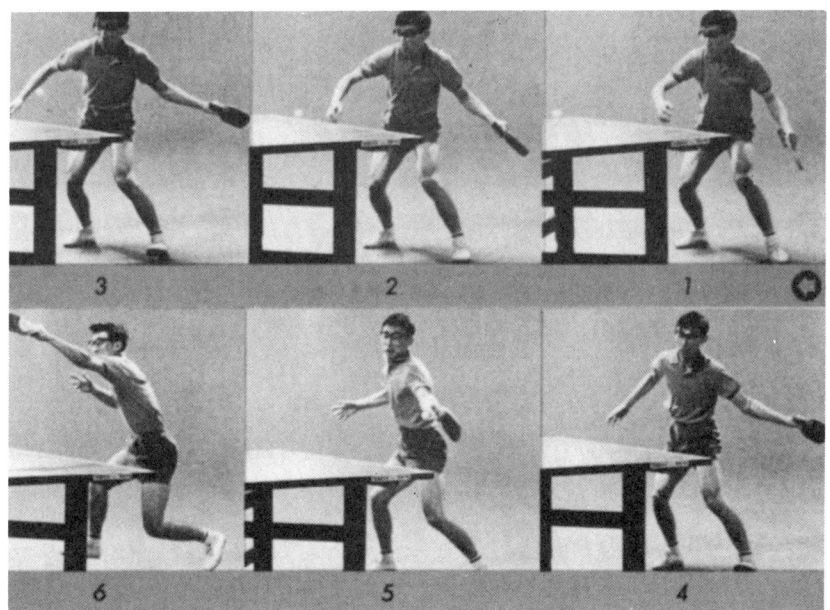

▲ K선수의 찔러치기
  찔러치기에서는 그 바운드의 높이, 요컨대, 정점이 어느 정도인가를 잘 분간할 필요가 있읍니다. ①②로 단단히 볼을 보고 정점이 높다고 알면, ③에서는 강타로 옮기는 결단으로 움직이기 시작, ④로 잘 바짝 끌어당기는 느낌을 보이고, ⑤로 정점을 날카롭게 던져 휘둘러 빼고 있읍니다. 날카로운 스윙으로 휘둘러 빼는 것이 겨냥입니다.

고 무릎의 용수철을 충분히 쓸 수가 없는 케이스도 나옵니다. 그 때문에 라켓면은 세우든지 약간 상향으로 해서 볼을 잡고 충분히 뿌리침과 동시에 손목의 스냅을 살려서 볼을 들어올리게 하는 것입니다.

드라이브 치기 (drive stroke)

  드라이브(drive)가 걸려서 쭉 뻗어오는 볼을 또 드라이브로 반격하여 랠리(rally)가 연달은 시합은, 보기에 호쾌하고 힘찬 것입니다. 드라이브형의 선수는 롱의 볼을 거의 드라이브로 반구하고 있읍니다. 그

▲ E선수의 드라이브 치기
① 의 기본자세에서 무릎을 구부리고 드라이브 치기의 체세를 잡으며, ②③으로 백스윙을 크게 잡고, 왼쪽 무릎을 충분히 깊이 넣어서 여기까지 모았던 용수철을, ④로 단숨에 폭발시키도록 마음껏 무릎을 뻗고, 오른팔을 휘둘러빼어 허리를 회전시키고, 스냅을 사용 어깨의 회전을 살려서 맹렬한 드라이브를 걸며, 완전히 휘둘러 빼어 체중 전체가 볼을 덮쳐누르듯이 치고 있음.

것은 그냥 롱으로 되돌리는 것보다 드라이브로 위력을 붙여서 상대에게 반구하기 어렵게 하기 위해서 입니다. 이것을 보통의 롱의 생각으로 치면 볼의 위력에 눌려서 반구는 높이 튀어버립니다. 그래서 드라이브를 반격하려면 이쪽도 드라이브를 걸어서 반격하는 것이 유리하게 됩니다.

드라이브·볼은 코트의 중진이나 후진에서의 되받아 침이 되므로 움직임도 커져서 화려한 타법이 됩니다. 우선 타법은 볼의 정점보다 조금

▲ E선수의 드라이브 치기
 ①의 그림에서 드라이브 치기에 맞는 손가락의 쓰는 법을 하고 있으며, 벌써 드라이브로 반구할 것을 전제로 한 나직히 내린 기본자세로 있음, ②로 몸전체를 사용해서 드라이브를 걸려는 생각으로 허리, 팔, 왼쪽 무릎의 들어가는 방식, 스냅 등을 충분히 살려서, ③ ④로 그 힘을 단숨에 폭발시켜서 치고 있음.

내려진 곳에 표적을 삼는 것이 득책입니다. 탁상에서 바운드한 순간에 돌연 기세 붙어서 뻗어온 볼은 정점을 지나고 나서 기세를 쇠퇴시킵니다. 스피드가 둔해진 곳을 잡는 것입니다. 너무 타점을 낮게 하면, 이번에는 코트에서 너무 떨어지거나 치는 쪽이 굽어서 무리한 체세(體勢)로 반구하지 않으면 안되게 되므로 불리해 집니다. 타점이 정점보다 약간 처진 곳이라도 위력있는 드라이브로 반구하면, 상대를 중진보다 후방에 물러나게 할 수 있읍니다.

이어서 볼의 움직임에 맞춰서 잘 움직이고 볼을 바짝 끌어당기는 것입니다만, 이때 몸의 상반신 즉 상체는 볼의 구근(球筋)과 평행으로 될 때까지 구부려 둡니다. 볼의 반격하는 방향에 왼발의 발끝을 돌리고 오른발은 그것에 45도의 각도로 벌립니다만, 그 스텝 그대로 상체를 비틀어서 볼의 코스와 평행으로 될 때까지 구부립니다. 이것만으로 왼어깨가 상당히 들어가 있읍니다만, 더욱더 왼어깨가 턱에 접근하는 만큼 넣으면 충분히 어깨를 넣은 것이 됩니다. 그리고 오른어깨는 떨어뜨리지 않고, 팔의 벌림으로 라켓을 후방에 크게 내립니다. 이것으로 큰 백스윙이 잡혀진 것이 됩니다.

충분히 팔꿈치를 뻗은 백스윙에서, 이번에는 큰 포스윙으로 옮깁니다만, 스윙은 크게 잡고 볼에 맞은 순간에는 스냅을 살려서 볼에 회전을 거는 것과 동시에 무릎의 용수철도 살려 전신에 힘이 들게 합니다. 뿌려친 후는 라켓이 머리의 앞을 지나가고, 더 후방까지 가버릴만큼 힘껏 휘두릅니다. 특히 드라이브·볼을 칠 때는 라켓면을 누여서 상대의 회전을 꺾음과 동시에 상대보다도 강한 회전을 걸어 주어야겠다는 기분으로 힘세게 휘두르는 것이 필요합니다. 그리고 빠른 공을 돌린다는 것보다 보다 많은 회전을 걸어 주어야겠다는 기분 즉 볼의 회전으로 승부한다는 기분으로 맞서면 좋을 것입니다.

드라이브 치기에서 나쁜 것은 몸이 정면을 향한 채 라켓만을 후방에 내리고 스냅으로 치는 방식입니다. 이것은 수타(手打)며 몸 전체를 쓰지 안했으므로 드라이브의 효과가 반감합니다. 상체는 볼의 코스와 평행이 될때까지 구부려서 볼에 마주 대하고 칩니다. 더욱더 스텝은 평소보다 왼발을 한 발 반쯤 앞으로 내서 벌리고 무릎을 가라앉히는 느낌으로 굽히면, 몸의 용수철을 충분히 살리기 쉽습니다. 언제나 몸 전체로 치는 연구가 드라이브 치기의 요령이라 하겠읍니다.

스매시(smash) 치기

그런데 여러가지 타법으로 상호 공격하고 있는 중에 찬스볼이 돌아오는 수가 있읍니다. 대망의 스매시·찬스를 잡았을때 도시 미스해서

▲E선수의 스매시 치기
① 의 기본자세에서, ② 로 왼발을 앞으로 스텝하고 왼어깨를 넣어, ③ 으로 백스윙을 충분히 잡고, ④⑤로 양손을 충분히 펴서 상반신의 용수철을 크게 넓혀, ⑥ 에서 그것을 단숨에 압축 허리를 넣고 체중전체를 볼의 정점에 부딪치고, ⑦⑧로 중심(重心)을 크게 왼발에 옮겨서 덮쳐누르듯 앞으로 나와서, 발을 당겨 기본자세로 되돌아 옴.

는 아무것도 안됩니다. 찬스볼을 쳐내지 못하고 역습당해서는 승산이 적어집니다.

　찬스 볼은 확실히 스매시(smash)해서 포인트로 하고 싶은 것입니다. 그 스매시의 연습은 처음에 바운드가 그다지 높지 않은 것부터 차례로 높은 바운드의 볼을 바꿔서 치고 갈 필요가 있습니다.

　그리고 스매시에서 제일 주의하고 싶은 것은 힘주어서 몸의 움직임이 굳어지는 일입니다. 치기 전부터 전신에 힘이 들어서 움직임이 딱딱해서는 모처럼의 순발력이 반감하는 수가 많이 있습니다. 그래서 볼을 잘 보고 그 바운드의 변화를 살핀 다음에 백 스윙에 드는 것입니다.

　찬스 볼이라고 생각하고 좀 빠르게 백 스윙해 버리면, 치려할 때 볼이 변화해서 타점이 멀리 가버려 헤엄친 자세로 치는 수가 있읍니다. 그래서는 정확하고 강한 스매시가 안됩니다. 그러므로 볼의 움직임과 변화를 잘 보고 타점의 곳까지 이동해서 변화를 확인 후 백 스윙에 듭니다. 이때는 왼어깨를 잘 넣어서, 등이나 엉덩이가 상대에게 보일 정도 상체를 비틉니다. 그러나 겨드랑이는 충분히 죄고, 양 어깨를 둥글게 해서 몸이 작게 오그라들게 합니다. 상체는 충분히 비틀지만, 몸은 작게 오그리는 것으로, 다음에 나오는 폭발력을 축적하기 위해서 입니다.

　그 다음에 라켓을 당깁니다만, 백 스윙은 너무 크게 안될 정도로 합니다. 치기 시작할때는 힘으로 내던지는 것이 아니고 스윙의 속도로 칠 작정으로 팔을 뻗고, 라켓에 원심력을 붙일 작정으로 팔을 재빠르게 휘두르십시오. 이때 오그린 몸은 펴지고, 치는 순간에는 가슴을 펴고 갑니다. 그리고 왼발은 크게 디디고 그 위에 체중을 씌우듯 상체를 이동시킵니다. 라켓에 맞는 순간에 스냅도 충분히 살려둡시다. 더욱더 치고난 후의 피니시도 크게 해서 코트의 위에 상반신이 씌워지게끔 몸을 움직이는 것입니다. 신체의 지닌 모든 용수철이나 스피드를 완전히 활용해서, 빠른 스피드로 되돌리는 타법이므로 일견 간난한 것 같지만 상당히 어려운 타법입니다.

　매일 한 번은 연습 시간을 잡고 해두고 싶은 것입니다. 그때 볼에서 시선을 딴대로 돌리거나, 급해서 몸이 벌어지거나 하면, 잘 쳐지지 않는다는 것을 생각하면서 스무스한 타법을 연구해 주십시오.

로빙의 올리는 법

　상대에게 강타 당해서 수세로 몰렸을 때, 또는 휘둘려져서 충분히 스윙이 안되는 상태가 되었을때, 평범한 찬스 볼을 돌리고 있어서는 스매시 당합니다. 그래서 수비로 돌면서 상대를 괴롭히는 방법으로 로빙이 있읍니다.

　이것은 처음부터 겨냥하고 던지는 공이 아니고 코트 깊이 내려진 때 등, 반구가 고통스러울 때에 거는 타법입니다. 그러므로 너무 다용하면 효과가 적어지는 것입니다.

　로빙의 올리는 법은 먼저 볼을 충분히 몸에 바짝 당기고 스냅을 맹렬히 사용, 가급적 볼을 바로 위로 올리는 기분으로 스윙 합니다. 반구할 때 볼이 앞으로 나아가는 힘은 상대의 스피드의 반동에 의하는 것이므로, 되돌리는 쪽은 앞으로 밀어내는 것보다 위로 올리는 것에 힘을 주는 편이 득책입니다. 겨냥하는 위치는 상대의 센터라인이며, 코트 깊이 넣는 것입니다. 그리고 볼에 충분한 회전을 줍니다. 로빙의 생명은 회전력과 높이입니다.

　회전을 붙이기 위해서는 스냅만이 아니고, 스윙도 크게 하며, 라켓의 휘두름이 끝났을때, 머리의 뒤로 올 때까지 뿌리칩니다. 그리고 엔드라인에 빠듯이 넣기 위해서는 천정근처까지 높이 올리는 것과, 볼을 바로 위로 올리는 기분을 갖는 일입니다. 이것만 되면은, 로빙은 상당히 안정될 것입니다. 이 경우, 잘 움직여서 볼을 끌어당기고 몸전체로 높이 올리는 각오가 필요합니다만, 칠 때는 팔을 충분히 뻗고나서 치면 큰 스윙이 잡혀, 보다 위력이 증가합니다.

　반대로 움직일 수가 없고 허리가 떠서 팔만으로 치면 찬스 볼이 됩니다. 헤엄치면서 올리는 로빙은 상대를 기쁘게 하는 것 뿐입니다. 또 로빙은 후진에서 올리는 경우가 거의 이므로, 올린 후 반드시 앞으로 나와서 로빙을 스톱 당했을 때에도 반구할 수 있는 위치로 되돌려 놓을 필요가 있읍니다. 로빙을 올리기 전은, 상대의 강타에 눌러서 이쪽이 핀치가 된 케이스가 많습니다만, 그때 어깨나 손목에 힘이 들고 딱딱하게 되어서는 좋은 로빙은 올릴 수 없읍니다. 핀치가 되어도 힘을 빼

▲ J선수의 로빙
①로 이미 볼의 낙하점으로 움직이고, ②로 오른발에 중심을 옮겨 주저앉으면서 팔을 뻗기 시작하고, ③으로 왼발을 당겨서 라켓을 하향으로 숙여, ④⑤로 손목을 사용해서 천정을 향해 비벼올림. ⑥까지에서 팔꿈치를 머리 위치까지 올리고, 라켓을 후방까지 휘둘러 올려서 볼의 반발력을 죽이고 상체를 쭉 뻗고나서, 어깨를 넣으면서 되돌아옴.

▲ J선수의 백핸드·로빙
①로 벌써 왼발을 한 발 뒤로 스텝하고, ②로 그것에 체중을 옮겨 오른어깨를 넣고 허리의 위치에서 볼을 잡아, ③으로 스냅을 사용하면서 바로 위에 비벼올려 몸을 딴 데로 돌려서 반발력을 죽이고, 체중을 오른발에 옮겨서 휘둘러빼며, ④로 왼발을 뒤로 스텝하고 감. ⑤로 오른쪽 팔꿈치를 내리면서, ⑥으로 오른발을 당겨 기본자세로 되돌아와서 다음의 타구에 대비함.

고 거꾸로 정신면에서는 절대 단념하지 않는다는 기력을 쥐어 짜고, 기어이 로빙을 넣겠다는 기백을 갖고 싶은 것입니다.

또 로빙을 올린 후, 상대의 반구에 대응하기 위해 빨리 앞으로 나와서 틈이 보이면 공세로 드는 준비를 해둡니다. 처음에는 중진쯤에서 로빙을 올리는 연습을 시작하고 다음에 상대에게 스매시를 하게 해서, 그것을 후진에서 잡아내어 로빙으로 되돌리는 연습을 하면 좋습니다. 로빙이 효과적으로 되어도 처음부터 로빙 싸움으로 들려는 생각으로 플레이 하면 숙달이 늦어집니다. 어디까지나 핀치일 때에 끈기빼는 전법이라고 생각하십시오.

쇼트(shot)의 기본

쇼트(shot)를 마스터 하면, 연계가 잘 되고 시합 운행이 대단히 익숙해집니다. 더욱더 한 걸음 나아가서 공격적 쇼트를 몸에 붙이면 작전에 크게 기여하는 것입니다.

쇼트의 포인트는 라켓의 각도를 바꾸지 않고 정점을 잡아서 미트를 중심으로 하여 돌리는 것입니다. 프리 핸드의 무릎을 90도로 구부려서 앞에서 뒤로 당기는 반동을 사용하여 라켓을 밀어내면 리드미컬하게 나갑니다. 볼은 신체의 정면에서 잡도록 잘 움직여 봅시다. 타이밍을 잡으면 의외로 쉽게 쳐 집니다.

미들 쇼트 (middle shot)

그립(grip)은 엄지의 끝을 떼고, 라켓이 씌워지는 듯한 각도를 냅니다. 왼손의 팔꿈치를 90도로 구부려, 오른쪽 팔꿈치를 겨드랑이에 붙이고 나서 볼의 정점을 잡고, 왼발에서 오른발에 체중을 옮기면서 허리를 비틀고, 왼손을 당기면서 오른손으로 라켓의 각도를 바꾸지 못하도록 하고 밀어냅니다.

볼은 신체의 경사 앞에서 잡고, 라켓의 끝을 세우는 것이 중요합니다. 그립은 가볍게 쥐고, 칠 때에 힘을 줍니다.

▲Y선수의 미들 쇼트
① 오른발은 뒤이지만, 무릎을 사용해서 폼을 크게 하고 라켓을 하향으로 해 둠. ②③으로 바운드에 맞춰서 왼허리를 당기면서 상체의 아래로 볼을 바짝 끌어당기는 기분으로 있음. ④로 팔을 뻗으면서 정점을 잡고 밀어내며 감.

손만으로 밀면 볼의 위력이나 스피드에 지는 수가 있읍니다. 허리의 비틂, 왼손의 당김을 써서 밀고가는 습관을 붙이십시오. 쳤으면 즉시 되돌아오는 것도 중요합니다. 쇼트(shot)는 멀리 날으지 않으므로 반구도 빠른 피치로 돌아오는 경우가 많기 때문입니다. 탁자 위에 마크를 붙이고 끊임없이 같은 곳으로 돌리는 연습을 해 나갑니다. 바운드의 고저나 너무 뛰는 것은 미는 힘보다 라켓의 각도를 일정하게 하는 것으로 정하고 나갑시다.

대(対) 드라이브 쇼트(drive shot)

쇼트(shot)에서는 왼발 앞이 원칙입니다만, 오른발 앞의 쇼트 타법(shot stroke)도 몸에 붙여둘 필요가 있읍니다. 그대로 이번에는 백핸드를 휘두를 수가 있는 체세(体勢)가 잡히기 때문입니다. 어느 쪽의 체세이든, 드라이브(drive)로 공격 받았을 때는 그 드라이브의 위력을 그대로 상대에게 돌릴 작정으로 반구합니다. 그러기 위해서는 드라이브의 바운드의 직후를 겨냥하고, 라켓의 각도를 언제나보다도 크게 뉘여서 댑니다. 그 위에 드라이브의 위력에 지지 않도록, 상체를 바운드의 위에 씌우는 느낌으로 덮쳐 누릅니다.

드라이브는 정점이나 그 후방에서 잡으면 스피드가 있고, 변화도 심하므로 미트 포인트를 놓치기 쉬운 것입니다. 반발력이 상당히 있으므로, 바운드 직후라도 충분히 네트(net)를 넘어서 빠른 볼로 되돌아갑니다. 바운드의 직후의 각도를 붙여서 잘 겨누어 칠 작정으로, 전진에서 잘 앞으로 나와 되돌리고 가면, 의외로 위력있는 쇼트가 되는 것입니다.

푸시(push)성(性) 쇼트(shot)

빠른 볼은 빨리, 늦은 볼은 늦게 되돌리고 가는 것이 안정된 쇼트(shot)로 되어 있읍니다. 그러나 이 방법으로 되돌리면, 상대가 일부러 느리게 치고, 이쪽에 느린 쇼트를 내게 하고, 그 다음을 겨냥하고 스매

▲Y선수의 푸시성(性) 쇼트

①의 앞숙인 기미의 자세에서, ②로 일단 볼을 바짝 끌어당기기 위해 무릎을 뻗고, 라켓을 당긴 후, ③으로 오른어깨에서 오른쪽 허리까지를 뒤로 당기고, 볼에 대해서 옆으로 향하여, ④까지에서 왼쪽 팔꿈치를 뻗고 재빨리 라켓을 밀어내어 씌우며 오른손을 충분히 당기고, 그 후도 충분히 그 체중을 볼에 씌우고 감.

시 해 옵니다. 그래서 느린 볼을 강하게 되돌리는 푸시성 쇼트(push 性 shot)가 개발 되었읍니다.

중국에서는 더욱 한 걸음 나아가서 날카로운 볼을 더욱더 쇼트로 날카롭게 배가하여 돌리는 푸시성 쇼트까지 연구해왔읍니다. 이것은 반구일때, 허리를 예리하게 넣고 크게 비틀어, 몸전체를 사용해서 오른팔을 힘껏 뻗고 가는 타법입니다. 그러기 위해서는 잘 움직여서 정면에서 잡는 것과, 되돌림을 빨리 해서 다음의 공에 대비할 필요가 있읍니다. 처음에는 쉬운 미들 쇼트(middle shot)부터 연습을 시작 드라이브성(性)의 볼에도 푸시가 걸려지게끔 해봅시다. 이것으로 코스를 따라가면 포롱이나 빨리 되돌려져서 위력있는 공격이 됩니다. 어디까지나 허리의 비틂과 오른팔의 뻗음이 중요합니다. 그러나 익숙하지 않는 동안은 불안정이 되기쉽고 너무 다용하면 너무 거칠어집니다.

따라서 느린 볼을 되돌릴 때만 사용하고, 익숙해짐에 따라 빠른 볼에도 푸시를 걸게끔 자기의 기량에 맞춘 활용의 방식을 생각하지 않으면 안됩니다. 스매시 힘이 약한 사람에게는 이것을 마스터할 것을 권합니다.

스톱 쇼트 (stop shot)

푸시성 쇼트와는 역으로 일부러 느리게 돌려 보내는 타법이며, 이것은 상대가 중진이나 후진으로 물러 났을때, 전후의 흔듦으로 해서 사용하는 기술입니다. 충분히 움직여서 바운드의 직후를 잡고, 맞는 순간에 라켓을 당겨 스피드를 죽입니다. 바운드의 높이는 라켓의 각도로 조절하고 스피드를 없애고 탁상에서 투바운드 할 정도의 작은 반구를 겨냥합니다.

그러기 위해서는 자기가 잘 움직여서, 볼을 몸에 바싹 당겨놓지 않으면 실패합니다. 라켓을 밀어내거나 그립에 힘을 주면은 찬스볼이 됩니다.

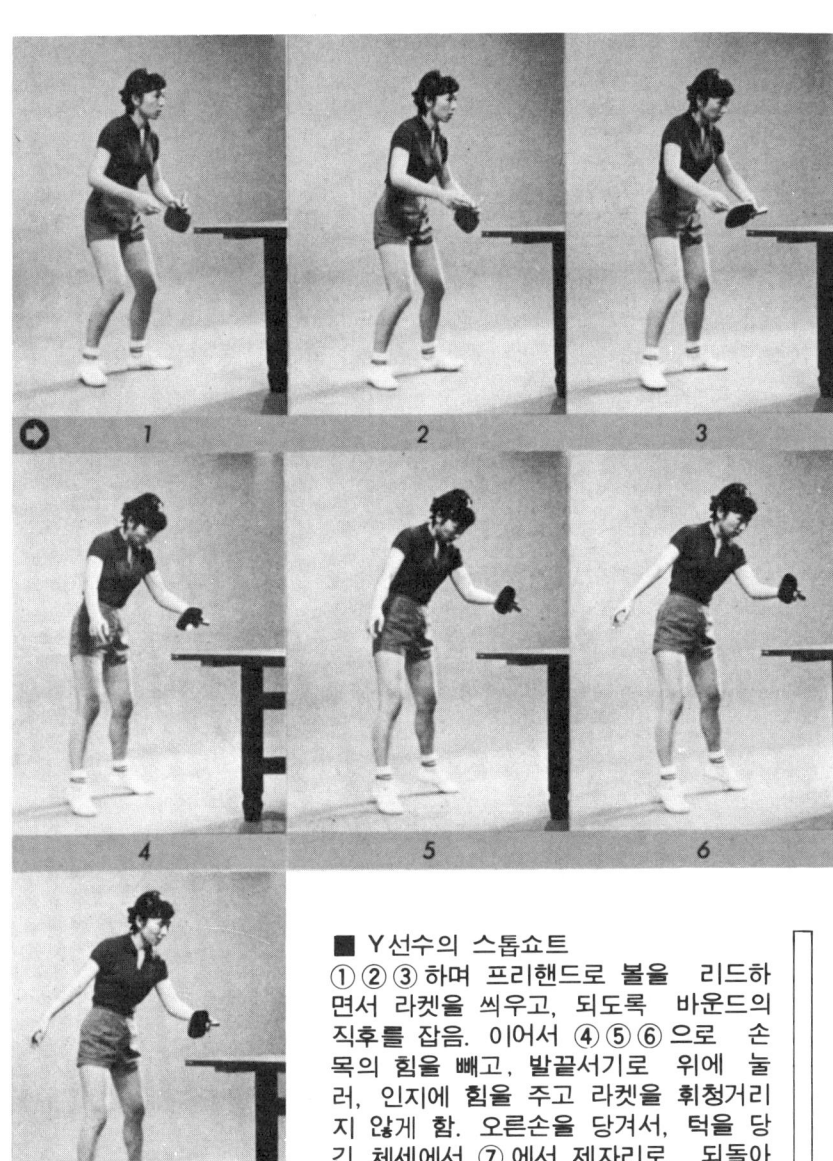

■ Y선수의 스톱쇼트
①②③ 하며 프리핸드로 볼을 리드하면서 라켓을 씌우고, 되도록 바운드의 직후를 잡음. 이어서 ④⑤⑥ 으로 손목의 힘을 빼고, 발끝서기로 위에 눌러, 인지에 힘을 주고 라켓을 휘청거리지 않게 함. 오른손을 당겨서, 턱을 당긴 체세에서 ⑦ 에서 제자리로 되돌아 감.

백 핸드(back hand)의 기본

백 핸드(back hand)를 미스없이 돌리기 위해서는 조금 드라이브를 걸어서 돌리면 좋을 것입니다. 그 목표로 우선 오른발 앞에 자세를 하고, 치는 방향에 발끝을 돌려, 그 밑에다 중심(重心)을 둡니다. 이어서 오른어깨를 넣고 오른쪽 팔꿈치가 허리에 닿을 정도 바짝 당겨, 라켓의 각도를 붙입니다. 몸 앞에서 정점보다 약간 처진 곳을 잡고, 허리를 사용하여 오른발로 체중을 옮기면서 라켓을 밀어내며 갑니다.

왼손은 쇼트와 똑같이 당겨서, 반동을 붙여 조금 스냅을 살려서 드라이브를 걸고 갑니다. 치기전, 요컨대 볼을 불러들일 때는 오른발의 뒤꿈치를 올려, 오른쪽 무릎을 안쪽으로 넣고 백스윙 합니다. 친 후의

◀ J선수의 백핸드
① 오른발을 앞으로 해서 발끝을 치는 방향에 돌려 ②③으로 라켓을 몸 앞에 놓고, 왼손과 라켓과 같은 높이로 함. 중심(重心)을 왼발에 옮기고 왼쪽 팔꿈치를 올려서, 오른어깨를 넣으면서 라켓을 당기고, 오른쪽 팔꿈치를 몸에 가볍게 붙여 겨드랑이를 죄고 나서, ④⑤로 몸 앞에서 볼을 잡고, 손목

을 사용하여 타구의 방향으로 휘두르고 감.

▲ J선수의 백핸드
① 에서 체중을 왼발에 싣고, ② 로 턱을 당겨 오른어깨를 넣고 볼을 불러 들임. ③ 으로 손목을 되돌리면서 뿌리치고, 팔꿈치도 되돌려서 라켓을 씌움. 이때 왼쪽 팔꿈치를 후방으로 크게 당기는 것이 요령이며, 체중은 오른발에 옮겨 있음. 오른쪽 팔꿈치를 중심으로 해서 겨드랑이가 넓어지면 수타가 되어서 미스가 많아짐.

폴로우에서는 체중이 오른발에 옮겨 있으므로 왼발의 뒤꿈치는 떠 옵니다. 오른쪽 팔꿈치가 몸과 떨어져서 앞으로 나오면 손목 중심의 백핸드가 되어 불안정하게 됩니다. 볼이 맞는 순간에 윙 소리가 날 정도 날카롭게 휘둘러서 라켓을 잘 씌워서 갑니다. 너무 느리게 휘두르면 도리어 미스합니다. 힘껏 움직여서 몸 앞에 볼을 불러 들이고 순간적으로 탁 되돌릴 정도로 충분히 좋은 백 스윙을 몸에 붙여주십시오. 이것은 단지 연계의 기술이 아니고, 스매시성(性)의 위력을 지닐 정도로 높힐 필요가 있습니다. 랠리를 당길 때, 포인트로 할 때와의 두가지의 스윙을 의식하고 구별해 주십시오.

대(対)쇼트(shot)의 백 핸드

쇼트의 볼은 빠른 피치로 해오므로, 그것에 맞춘 타법이 필요합니다. 바운드도 그다지 높지 않고, 변화도 거의 없는 대신 재빨리 돌아오기 때문에, 백 핸드를 휘두르는 쪽도 빨리 움직여서 휘두르도록 유의합니다.

또 쇼트 볼은 백 핸드의 리치안에 닿는다고 해서 그 자리에 우두커니 선 채 치지 않는 것입니다. 조금이라도 움직여서 바른 타구점으로 볼이 오도록 합니다. 종종걸음으로 재빨리 움직이는 것이 중요합니다. 그러한 습관을 붙임으로써 볼을 잡는 범위가 한층 넓어지는 것입니다. 특히 백 핸드에서는 리치가 좁아지고, 포 핸드보다 볼을 잡아서 치는 범위가 좁혀 있으므로 조금이라도 종종걸음으로 움직여서 바른 타구점이든지, 조금이라도 그것에 가까운 곳에서 볼을 잡도록 노력해 봅시다. 그만치 정확해야지 미스가 적은 볼이 쳐내지는 것입니다. 가급적 움직였으면, 볼의 정점을 잡고 짧은 스윙으로 빨리 휘두르는 것입니다.

스윙은, 너무 어깨를 넣지말고 팔꿈치 중심으로 휘둘러서 빨리 되돌아오는 것입니다. 스냅은 사용하는 편이 유리합니다. 이것은 포핸드로 쇼트볼을 되돌릴 때와 많이 비슷합니다. 쇼트에 대한 타법은 빠른 피치로 치는 것이 선결입니다. 그러기 위해서는 되돌아옴을 빨리하는 것입니다. 스매시와 같이 상대에게 노터치로 해낼 작정으로 칠 경우는, 큰 모션으로 힘세게 휘두르고 되돌아오는 것에는 그다지 중점을 두지 않아도 좋습니다만, 대(対)경우는 반드시 쇼트의 빠른 피치로 되돌아 올 것을 계산에 넣지 않으면 안됩니다. 그 때문에 언제나 되돌아오는 것을 염두한 스윙이 되는 것입니다.

▲T선수의 대(対) 쇼트의 백핸드

① 바운드의 타이밍을 재면서, ②로 오른어깨를 넣어, 겨드랑이를 죄고, 오른쪽 팔꿈치를 직각으로 구부려서 볼을 바짝 끌어당김. ③으로 라켓을 휘두르면서 몸 앞에서 공을 잡고, 팔꿈치와 손목을 되돌리면서, ④⑤로 휘두르며 감.

그래서 스윙은 가급적 작게 해서 빨리 휘두르기 위해 손목과 팔꿈치의 관절을 충분히 사용하고, 어깨를 넣거나 허리를 쓰거나 하는 큰 움직임의 부분은 조금만 사용키로 하는 것입니다. 짧은 스윙으로 빨리 작게 휘두르고, 바로 되돌아와 다음에 온 볼을 칠 체세를 만듭니다. 이리해서 규칙적으로 몇 번이고 계속 치고 가는 연습을 합니다.

처음에 너무 빠른 피치로 치는 것은 어려우므로, 차분한 피치로 치는 것부터 시작합니다만, 쇼트란 것은, 이쪽에서 빨리 치면 그것에 따라서 빨리 돌아오는 반면, 이쪽에서 천천히 치면 그것에 따라서 천천히 돌아오는 특징이 있으므로, 처음은 천천히 치고 그 반구를 단단히 움직여서 잡고, 볼의 정점을 또 천천히 치고 되돌리는 연습의 반복부터 시작합니다. 가끔 빨리 손목이나 팔꿈치를 돌려서 날카로운 백 핸드를 사용하고, 그 때문에 빨리 돌아온 볼을 이번에는 천천히 돌려 보냅니다. 그리고나서 완급을 섞어 짜가는 동안에 조금씩 빠른 피치로 휘두르고, 빠른 피치로 되돌리는 연습에 들어갈 수가 있습니다.

이리해서 랠리가 계속하게 되면, 빠른 피치의 랠리를 중심으로 해서 느린 피치도 때때로 섞어 연습하게 됩니다. 그러한 타법이 몸에 붙는 동안에 리드미컬하게 상대의 쇼트에 맞춰서 휘두르게 됩니다. 이러한 리듬을 익히면 숙달이 빨리 됩니다.

쇼트라 하지만 사람에 따라서 천차만별이며, 높은 바운드의 사람, 낮은 바운드 사람, 반구에 스피드를 붙이고 오는 사람, 스피드를 죽여버리고 있는 사람, 코스가 불안정한 사람, 안정되어 있는 사람 등 가지가지입니다. 그래서 상대의 쇼트의 특징을 빨리 파악하고, 그것에 맞춘 리듬으로 치고가면은 연습이 진척됩니다. 그리고 찬스 볼이 오면 다음에 백핸드·스매시를 내보내어 봅시다.

백 핸드·스매시(back hand smash)

대(対) 쇼트 타법과는 정반대의, 힘세게 일발로 해낸다는 기분으로 내보내는 타법입니다. 이때에 재빨리 되돌아오는 것에 너무 유의하고 싶은 대신에 조금이라도 박력있는 볼을 치는 것에 중점을 두고, 몸 전체의 힘을 사용합니다.

 우선 찬스 볼로 보면, 즉시 움직여서 겨드랑이를 꽉 죄고 왼쪽 팔꿈치를 뒤로 내려서 왼어깨를 크게 당기고, 다음에 오른어깨를 힘껏 앞으로 넣어서 자기의 등이 상대에게 보일 정도로 상체를 비틉니다. 다음에 오른쪽 팔꿈치를 충분히 뻗어 볼을 잡고 왼쪽 허리의 바로 앞에서 타점을 잡아 크게 휘두릅니다. 친 후에 손목을 단단히 돌립니다. 발은 왼발을 당겨서 직각이 되게 하고 왼발에 꾹 힘을 주고나서 탕 발을 내딛고 가는 것입니다만, 이때 왼발로 충분히 밑바닥을 차 붙이고, 오른발은 그 차기로 멀리 발을 디디게끔 앞으로 냅니다. 이 발의 디딤이 좋으면 몸전체의 파워가 볼에 옮겨타서 힘센 스매시(smash)가 됩니다.

물론 큰 스윙이므로 백스윙도 크고, 라켓은 왼쪽 겨드랑이의 아래로 당기고서 휘두르기 시작하는 듯한 모양이 되며, 휘두르고 난 뒤에도 손목을 돌려서 상체가 앞으로 숙여질 정도로 몸 전체를 사용합니다. 이리해서 힘을 볼에 내동댕이 치듯 휘두르는 것이 포인트입니다. 되돌아옴은 이것을 충분히 마치고 나서 되돌아오는 것입니다만, 몸이 덮쳐서 전혀 되돌아올 여지가 없는 타법은 그다지 좋지 않습니다. 전력의 스매시라 하지만 재빨리 원 폼으로 되돌아올 만큼의 여력은 남겨두고 싶습니다.

그 때문에, 우선 연속 스매시의 연습부터 시작하면 좋을 것입니다. 상대에게 볼의 바구니를 들게 하고, 처음은 백사이드에 몇 구(球) 라도 찬스 볼을 넣게 해서 이것을 백 스윙으로 연속 스매시하는 것입니다. 이때 처음에는 몸에 힘이 들어 움직임이 딱딱해져, 볼에 파워가 전해지지 않을런지도 모릅니다. 그러나 큰 스윙으로 휘두를 것을 유의하고 오른 어깨를 충분히 넣고 왼발의 차기를 살려서 타이밍이 잘 맞는 연습을 계속하는 동안에 팔꿈치, 손목, 어깨 등의 사용하는 법도 하나씩 몸에 붙어옵니다. 턱을 충분히 죄인다든가, 친 후의 손목의 돌림 등, 가끔 머리 속에서 포인트를 정리하면서 치고가면 좋을 것입니다.

포 핸드・스매시(fore hand smash)의 연습만이 아니고, 백 핸드・스매시(back hand smash)의 연습도 중요합니다. 스매시 연습의 때에는 반드시 포의 다음 백도 해두면 실전시 쓸모가 있는 것입니다.

그리고 스매시의 찬스를 놓쳤다든가, 연속 스매시의 짬짬이 드라이브를 섞어서 변화를 붙일 때가 있읍니다. 이것은 라켓의 끄트머리를 약간 숙여서 스냅을 사용하고 볼에 회전을 거는 것입니다만, 스윙은 그다지 크지 않고 허리를 사용한 타법을 합니다. 특히 구주의 세이크 핸드의 드라이브맨은, 이 백 핸드・드라이브를 장기로 합니다. 후진에서 허리를 내리고, 손목의 강함을 살린 드라이브는 상당한 위력이 있읍니다. 펜호울더계의 사람에게도 백 핸드의 드라이브는 그다지 사용되고 있지 않습니다만, 반구에 변화를 지니게 하는 뜻에서도 일단 마스터해 두는 편이 득입니다. 연속 스매시가 정해지지 않을 때의 변화 타법으로서 혹은 중진, 후진에서의 연계 타법으로 연구해 둘 필요가 있읍니다.

하프볼리

이것은 타이밍만 맞으면 그다지 힘들지 않고도 효과가 많은 타법입니다. 반면 타이밍이 맞지 않으면 미스에 이어지는, 위험과 서로 등을 마주 댄 타법이기도 하는 것입니다. 상대의 구질은 알고 타이밍을 살려서 던지는 백 핸드의 하프볼리가 정해지면, 움직여 돌면서 전력으로 플레이 되던 상대를 낙담케하는 듯한 장면이 간혹 보입니다. 이 타이밍을 잡은 타법은, 항상 연습으로 그 감을 길러둘 필요가 있읍니다. 생각나서 갑자기 시합에 사용해도 잘 나가는 케이스는 적습니다.

그런데, 하프볼리란 것은, 볼리 즉 상대의 친 공을 이쪽의 코트에서 아직 바운드 하기 전에 직접 치는 것 —— 에 가까운 타법입니다. 바운드 했는지 안했는지 모르는 동안에 친다는 의미로 하프볼리라 하는 것입니다.

물론 바운드 하기 전에 치면은 미스입니다. 그래서 바운드한 직후를 잡고 치는 것입니다. 바로 앞의 코트에 볼이 튄 직후에 오른팔을 쭉

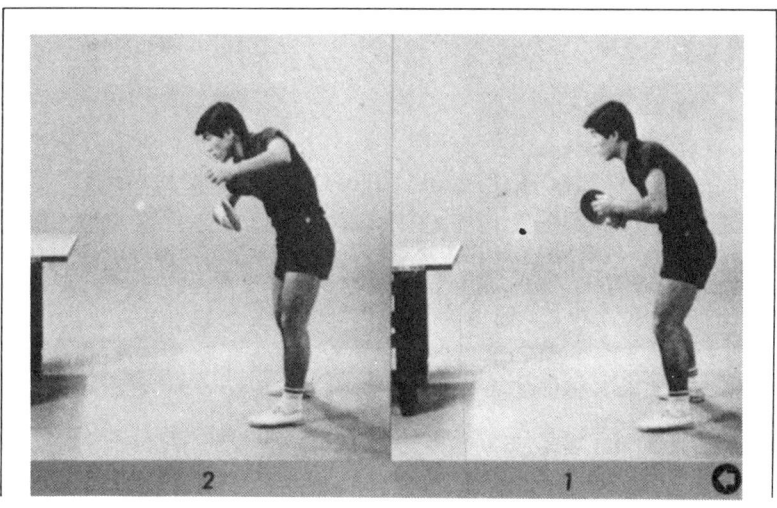

▲ N선수의 하프볼리
① 상반신의 힘을 빼고, 편한 자세에서 ②로 볼을 몸 앞까지 불러들여 놓고 ③ ④로 바운드의 근처를 칠 작정으로 손목, 팔꿈치를 중심으로 라켓으로 털고 감. 파워는 거의 필요없고 타이밍 맞춤이 중심이며 스윙도 작게 재빨리 되돌아서 다음의 타구에 대비하고 있음. 몸 앞에서 바운드에 맞추는 것이 요령.

어서 라켓을 내밀고, 라켓면을 누인 채 손목을 중심으로 해서 칩니다. 이때의 자세는 무릎을 구부려서 턱을 당겨, 눈의 위치를 조금 낮게 하고 체중의 이동은 너무 행하지 않고, 손목만으로 칠 작정으로, 좌우의 무릎을 앞으로 냅니다. 바운드의 직후를 잡는 것이므로, 탁상에서 침에, 스윙은 거의 없고 라켓의 각도로 타구의 방향이나 높이를 조절하며 겨우 팔꿈치와 손목의 움직임으로 폴로우 스윙하는 정도입니다. 따라서 볼을 몸에 바짝 끌어당겨서 치거나, 스피드가 없어진 곳에서, 이 치는 짓을 해도 아무런 의미가 없읍니다. 기어이 가장 스피드가 있는 곳에서 볼을 잡고, 그 스피드를 그대로 상대에게 돌려주는 타법이므로 느린 곳에서 하프볼리식의 치는 짓을 해서는 아무것도 안되는 것입니다.

상대가 친 볼 중에 가장 위력이 있는 곳, 가장 스피드가 있는 곳이라고 하면 바운드의 직후로 정해져 있읍니다. 거기를 치는 것이므로 대단히 위험율이 높은 것입니다. 라켓의 각도가 조금 틀어지면 네트에 걸리거나 코트의 밖으로 나가는 수가 있읍니다. 또 러버의 상태에 의해서 미묘한 탄력 형편이 있기 때문에, 추워서 러버가 굳어 튀지 않을 때, 더워서 러버의 바운드가 좋은 날에 의하여 라켓 각도의 잡는 방식이 달라지며, 습기의 차나 쓰고 있는 볼의 종류에 의해서도 달라집니다. 요사이는 드라이브맨이 많으며 잘 튀는 볼이 많이 사용되고 있읍니다만, 대회에 따라서 여러가지로 다릅니다. 그러한 대응책도 생각하고 여러가지의 볼로 연구해 보는 것도 필요할 것입니다.

어떻든 시합시에는 상대의 타구의 특징을 포롱이나 쇼트 타법으로 어느 정도 잡고나서 사용하는 편이 현명합니다. 그래서 상대의 구질을 확인하고 난 다음, 그것에 맞춘 타이밍을 잡는 것이 선결로 됩니다. 항상 그러한 감을 연습으로 길러 둡시다.

컷(cut)의 터는 법

그리고, 이번은 백 핸드(back hand)로 컷 볼(cut ball)을 쳐 봅시다. 이것은 하프볼리와 달라서 가장 볼의 힘없는 곳을 잡고 칩니다. 그리고 손목만이 아니라 몸 전체로 칩니다.

백 핸드에서의 컷 치기(cut stroke)의 포인트는 미스를 안하는 것입니다. 하프볼리처럼, 몇 퍼센트인가의 확률로 미스를 각오하면서 치는 것과는 달라서 120퍼센트 확실히 돌려 보내는 것을 머리에 넣어두고

▲ K선수의 백 핸드·드라이브
① 의 기본자세에서, ② 로 깊이 빠져들어 체중을 왼발에 옮기고, ③ 으로 라켓을 하향해서 오른어깨를 넣는 백스윙에서, ④ 로 턱을 당기고 스냅을 사용, 무릎을 뻗고 볼을 낮은 곳에서 위로 비벼올리듯 마음껏 드라이브를 걸며, ⑤⑥ 으로 최후에는 몸을 쭉 뻗어 오른발에 체중을 옮김.

치는 일입니다. 그 때문에도 자기의 가장 치기 쉬운 곳에 볼을 갖고 오는 일입니다. 그러므로 움직여서 볼에 잘 따라가며, 백스윙의 기본에서 익힌 폼으로 정확하게 자세를 잡습니다. 컷의 볼은 늦으므로 충분히 움직일 여유가 있을 것입니다. 이 시간을 활용해서 단단히 자세를 잡습니다. 이때 오른어깨를 잘 넣어서 허리를 돌려 볼을 꽉 끌어당깁니다.

 컷볼의 제일 치기 쉬운 곳은 코트면의 높이 보다도 더 내려서 마루로부터 30~50센티의 곳입니다. 여기서는 볼의 기세는 죽어있고 회전력도 상당히 떨어져 있읍니다. 그러나 이런 낮은 곳에서는, 포핸드로 쳐도 호형(弧形)을 그리는 드라이브밖에 칠 수 없는 것이여서 백스윙

이 되면은 퍽 어렵게 됩니다. 후진에 물러나 구부리며 치는 것은 펜호울더 그립으로는 어렵고 불리한 기술이며, 세이크핸드로 스냅을 살린 타법일 때 비로소 유요하다고 하겠읍니다. 그래서 타점을 좀 더 올리고 볼이 타점에서 내려온 곳을 정합니다. 탁자의 높이와 같은 정도의 곳이 컷의 스피드도 떨어져서 대단히 잡기 쉬운 곳입니다. 여기서 무릎을 사용해서 조금 가라앉은 모양이 되어 약간 낮게 자세한 후, 그 용수철을 뻗어서 몸전체가 뻗어 오르는 듯한 폼을 잡고 볼을 들어올립니다. 스윙은 크게 손목의 스냅을 써서 조금 호형을 그리는 정도의 치는 형식으로 되돌립니다. 호형을 그린다는 것은 상대에게 스매시 등으로 반격되기 쉽습니다만, 이쪽으로서는 회전의 변화에 내둘려서 미스를 하지않기 위해, 조금이라도 안전하게 돌려 보내려 다소 반격되는 위험은 알고서 몸 전체로 볼을 들어올려, 호형 그리는 기미로 되돌리는 것입니다. 그리고 스매시의 위험성을 조금이라도 작게 하기 위해 드라이브를 겁니다.

 드라이브의 볼이란 것은, 잘 바운드하는 대신에 스매시 보다도 안정성이 있어서 잘 들어가는 타법입니다. 즉 미스를 하지않고 스매시되기 어려운 볼을 내고있는 것입니다. 백 핸드의 컷치기는 기술적으로도 어려우며 일부러 백 핸드가 아니라도 포 핸드로 쳐지는 컷 볼이 많기 때문에 연습량을 아무리해도 적게 됩니다. 이른바 서투른 기술인 경우가 많으므로 이것을 마스터하면 상당히 타입이 바뀐 선수가 될 수 있읍니다. 그러나 일반적으로는 할 수 없이 백 핸드로 컷 볼을 공격받는 일이 많으므로, 이때는 미스를 안하고 확실하게 되돌리며 다음에 다른 장기로 응전할 것을 생각합니다. 그러기 위해서도 이 컷치기는 몸전체를 사용해서 정확한 타법에 촛점을 두고 연습합시다.

풋워크의 기본

풋워크는 중국이고 구주고, 손목이나 팔의 강함을 살린 타법이 중심이였읍니다만, 비교적 체력이 떨어진 우리 선수는 코트안을 돌아달리면서 볼을 줍고, 계속 쳐대며 세계를 제패한 사실이 있읍니다. 특히 펜호울더의 드라이브·맨에게는 풋워크가 없으면 플레이할 수 없을 정도로 중요한 것입니다. 국내에서 가장 많은 펜호울더 타입의 선수에게는 없어서는 안될 기본입니다. 전진속공형의 선수라도 날카로운 내디딤이나 포, 백의 바꿈 등 훌륭한 몸의 처리 방법을 보입니다.

탁구는 스윙만이 모든 것이 아니고, 그 전에 볼의 위치까지 이동하는 풋워크나 몸 다루는 법이 중요한 기초 플레이가 됩니다. 이 움직임을 보는 것만으로 장래 숙달할 선수인가 못할 선수인가를 압니다. 움직인다는 것은 그만치 탁구의 기본적 동작인 것입니다. 제발 이 연습에 충분히 시간을 내서 바른 풋워크를 확실하게 붙이십시오.

우선 처음에 발의 운반법을 충분히 연구해 둡시다. 우로 좌로 그저 움직이는 것만으로는 안됩니다. 발의 운반법에는 기초가 있읍니다. 이것을 모르고 움직이고 있으면 아무리 해도 효과적인 몸의 이동이 안됩니다. 실은 나도 고1의 여름까지, 이 발의 운반법을 몰랐읍니다. 그 때문에 아무리 연습해도 이길 수 없다는 고통을 맞보았읍니다. 이 발의 운반법을 익히고 나서 이동이 스무스하게 되고 빨리 멀리까지 움직일 수 있어서 볼을 잡기 쉬워졌읍니다. 그래서 갑자기 코트가 좁아 보였고 시합에서도 이기는 찬스가 많아졌읍니다. 이것을 익힌 것만으로 코트가 좁아져서 여태까지 못쳤던 먼 공이 스무드하게 쳐지고, 탁구가 비약적으로 즐거워지며, 플레이에 큰 여유가 나온다는 마법과 같은 것이 풋워크의 기본입니다. 반복하여 연습하고, 단단히 몸에 익혀둡시다.

우선 그 기본으로써 상호 포핸드로 크로스에 맞서 싸울 때에 상대의 반구가 갑자기 스트레이트로 들어왔기 때문에 이쪽은 백쪽으로 이동해서, 그 스트레이트의 볼을 치지 않으면 안된다고 합시다. 즉, 백쪽(왼쪽)으로 몸을 이동할 때의 발의 운반법입니다. 처음에 크로스칠 때, 기본의 자세로 포핸드를 칩니다만, 라켓을 뿌리친 후 움직이려고 하면 중심은 왼발에 걸리기 때문에 재빨리 움직일 수가 없읍니다. 그래서 임

팩트함과 동시에 왼발을 어쨌든 좌로 작게 한 발 내디디는 것입니다.
 이것은 왼쪽으로 움직이기 위한 중요한 준비 동작이 됩니다. 여기서 좌우의 보폭이 넓어졌으므로 중심을 재차 왼발에 걸고, 그 중심 이동을 이용하면서 오른발을 당겨서 왼발의 뒤까지 크게 교차시킵니다. 이 모습은 왼발이 몸 오른쪽 앞에 있고 오른발이 몸 왼쪽 뒤에 있다는 부자연한 상태입니다. 두 개의 발이 교차해서 불안정한 모양이므로 바로 원 기본 자세로 되돌려두지 않으면 안됩니다. 그래서 이번에는 곧 중심을 오른발에 옮기면서 왼발을 왼쪽으로 내디딥니다. 이것으로 거의 원 체세로 되돌아온 것입니다만, 이것으로는 스탠스(보폭)가 너무 넓어서 기본 자세로서는 무리가 있으므로 오른발을 조금 당겨 바른 자세로 교정합니다. 이것이 백쪽으로의 풋워크, 발의 운반법의 기본 스텝입니다. 댄스의 스텝과 같게 이 형을 어쨌든 몸으로 익혀버립시다.
 다음에 포쪽으로 이동할 때의 발의 운반법입니다. 포 핸드로 이쪽의 백 사이드에서 볼을 치고있는 동안에, 상대의 반구가 이쪽의 포 사이드로 갔다고 합시다. 급히 크게 오른쪽으로 움직이지 않으면 안됩니다. 이때, 백 사이드가 포핸드를 뿌리쳤을 때, 응당 중심은 왼발에 걸린 채로 되어 있읍니다. 거기서 그대로의 체세로 오른발을 조금만 오른쪽으로 스텝시킵니다. 이것으로 양발의 간격이 기본 자세보다 크게 넓어져 버렸읍니다. 이어서 이 오른발에 중심을 옮겨주면 왼발은 떠 옵니다. 그 움직임을 이용해서, 왼발은 오른발의 앞을 지나쳐서 더욱더 오른쪽으로 내디뎌 주십시오. 이렇게 해서 오른발과 왼발이 교차한 기묘한 모양이 되어버렸읍니다. 하지만 그렇게 해서는 부자연하므로, 이번에는 오른발로 지면을 차고 몸의 왼쪽에 있던 오른발을 몸의 오른쪽으로 옮기듯 내디딥니다. 이 사이에 중심은 왼발에 옮겨 있읍니다. 이렇게 해서 원 기본 자세로 되돌아왔읍니다.

포쪽, 백쪽으로의 발의 운반법은 이상입니다. 우선 자기의 가고싶은 방향으로 반걸음 내딛고 보폭을 넓혀 다음에 발을 교차시켜서 움직이고 더 한번 원 보폭에 옮겨준다는 차례로 움직입니다.

▲ J선수의 풋워크
①에서, ②로 오른발을 중앙백선까지 우로 스텝함. 이어서 ③으로 왼발을 바짝 끌어당기고 뛰면서 오른발의 앞에서 교차시키고, ④의 중앙백선까지 운반함. 이 동작을 하면서 오른발도 더욱더 두 개째의 백선까지 움직여서 이것으로 기본자세가 됨. ⑥으로 친 후, ⑦로 왼발을 일보 좌로 스텝. ⑧로 오른발을 후방에서 왼발과 교차시키고 중앙백선보다 더욱더 좌로 운반함과 동시에 왼발을 좌로 보내어 기본자세로 됨.

 이 발의 운반법은 볼없이 연습이 되므로, 그 스텝의 방법만을 우선 익혀두십시오.
 그런데, 발의 운반법 이외에 주의할 것은 이동 중에 허리의 높이나 머리의 높이, 시선 등이 언제나 일정하다는 것입니다. 무릎이나 허리의 유동으로 몸이 상하로 움직여서는 아무것도 안됩니다. 상하의 움직임이 없는 채, 무릎의 쿠션이나 손목의 용수철만으로 움직이는 것이 중요합니다.

다음에 이동 중의 상체는 벌리지 말고 양어깨는 탁자에 정대하고 있는 것이 요령입니다. 상반신이 벌려 있어서는 이동이 스무스하게 안됩니다. 반드시 기본 자세를 유지하고 이동해 주십시오. 또 이동 중은 숨을 멈춰 주십시오. 호흡하면서 스텝하면 그만치 움직임이 흐트러집니다.

그리고, 포 에의 풋워크로 최후에 오른발을 스텝하고 기본 자세가 되었을 때, 혹은 백쪽에의 풋워크로 최후에 왼발을 스텝하고 기본 자세가까워졌을때 등에서는, 반드시 허리를 돌리고 왼어깨를 넣어서 쳐(打)지는 체세로 되어있는 것이 필요합니다. 어깨를 오므리고, 턱을 당겨서 좌우로 움직이며, 착지의 순간에는 허리를 비틀어서 치는 체세를 만듭니다. 이것은 볼이 상대의 라켓에 튀어서, 이쪽의 코트에 들어오는 사이에 끊임없이 자기의 몸이 볼을 마주보고 있다는 것입니다. 몸은 볼이 어디에 있어도 항상 정대하고 있다. 바꿔 말하면 자기의 배꼽이 언제나 볼을 향하고 있다는 것입니다.

이렇게 해서 볼을 쫓으며, 칠 때에는 반드시 왼어깨를 충분히 넣은 기본폼으로 쳐 주십시오. 하반신을 안정시켜 체중을 오른발에서 왼발로 이동시키면서 스윙해 주십시오. 스윙은 가급적 빨리 합니다. 만일 느린 공이 와도 천천히 이동하지 말고 빨리 움직여서 앞에 볼의 오는

곳에 가서 기다리는 습관을 붙여주십시오. 이 기분을 잊고 느린 공에는 느리게, 빠른 공에는 빨리 움직인다는 생각으로 있으면 아차 할 때에 이미 늦습니다. 언제라도 빨리 움직여서 기다리고 있다는 생각을 하고 있으면, 몸이 빨리 움직이기 시작하는 계기를 잡을 수가 있읍니다.

절대로 볼의 뒤를 쫓아서는 안됩니다. 반드시 볼보다 먼저 가서 기다리고 있을 것. 이것이 숙달의 제일보입니다. 이동은 발끝이 중심(中心)입니다. 움직이고 있는 동안은 완전히 발끝 중심(中心)의 스치는 발입니다. 칠 때는 중심(重心)의 이동이 있기에 가볍게 발뒤꿈치를 붙입니다. 스치는 발을 사용하면서, 이 동작을 연구해 봅시다. 이와같은 발의 운반법은 강한 하반신의 용수철과 심장이나 폐장의 강함이 없으면 오래 계속 못합니다. 그리고 다리 힘과 배의 힘살의 힘이 강하고 한쪽 발로 선 순간에 상체의 밸런스가 무너지지 않고 안정되어 있는 사람은 풋워크가 아름답게 보이는 것입니다. 체중이 가볍고 재치있는 사람은 리드미컬하게 움직이는 것입니다. 어떻든, 이 움직임은 다이나믹하지 않으면 일류선수로는 안되므로 반복해서 연습을 해야 합니다.

풋워크의 응용

① 롱의 풋워크

실제의 시합에서는 볼은 좌우로 규칙 바르게 오는 수가 없으므로 코트 전면을 사용해서 전후 좌우로 구석구석까지 움직이지 않으면 안됩니다. 거리가 멀 때도 있고, 가까울 때도 있읍니다. 이것을 어떻게 다루어 나가면 좋겠읍니까.

우선, 발목의 킥을 이용해서 마루바닥을 찬다든가, 양발의 움직임을 거의 동시로 해서 뛰어든다든가, 여러가지의 방법이 있읍니다. 그러나

▲J선수의 포에서 백으로의 바꿈 포를 칠 때는 ①②③과 같이 반드시 왼발을 앞으로 내딛고, 바른 폼으로 침. ④치기가 끝나면, 일단 오른발을 오른쪽 후방에 스텝하고, 이번은 ⑤⑥⑦처럼 왼발을 후방으로 당겨서 백핸드의 백스윙에 듬. ⑧⑨로 칠 때는 반드시 오른발을 한번 더 내딛고 감.

발을 좌우로 교차시켜서 착지하고 있는 듯한 상태는 거의 없읍니다. 흐름을 타고 리드미컬하게 몸이 움직이고 있으므로 한군데서 멈추는 일은 없는 것입니다.

그러면 좌우로 크게 급히 움직일 필요가 있을 때 어떻게 하는가——를 말하면, 가급적 대퇴(넓적다리)를 높이 올리지 말고 종종걸음으로 몇번이고 움직여서 멀리 가는 방법이 좋습니다. 종종걸음으로 움직인다는 것은 그만치 정확하게 움직여지고, 볼의 변화에도 대응할 수 있는 것입니다. 또 후방으로 물러날 때에도, 크게 대퇴 올림을 하면 방향을 틀리는 일이 있는등, 정확성의 결함으로 오히려 스텝을 작게 해서 빨리 움직이는 방법을 잡습니다. 이때는 엉덩이를 높이 올리는 전경자세를 하면서 뒤로 물러나면 스텝이 빨리 되고, 목적지에 닿았을때 허리가 늘어가서, 바로 칠 체세로 됩니다.

또 앞으로 이동할 때는 포를 뿌리친 기세로 먼저 왼발을 내어 보폭

을 넓히고나서 움직이기 시작합니다. 뒤로 물러날 때는 스윙을 휘둘러 되돌리는 기세를 사용 오른발을 내리고서 후방 이동을 시작하는 것이 요령입니다. 어떻든, 전후 좌우의 움직임과 함께 왼발이 체중을 떠받치는 기둥으로써 사용되고, 오른발에 보폭을 넓히는 역활을 맡겨주고 있다고 생각하십시오.

② 포 (fore)와 백(back)의 바꿈

포 일변도로 코트가 좁다고 움직여 도는 전술도 하나의 방법으로써 있으며, 연습의 과정에서 풋워크를 붙이기 위해 백핸드나 쇼트를 쓰지 않는 올 포 핸드 전법을 채용하는 일이 있읍니다. 예전에는 백 스윙을 휘두르면 '건방지다' 라는 말을 들었으며, 올 포 (all fore) 의 연습을 받은 시대가 있었읍니다. 이 때문에 오히려 풋워크는 각별한 발전을 이루었읍니다만, 반면 백쪽의 약함이 눈에 띄게 되었읍니다. 풋워크를 강화하면서, 백 핸드를 약화시키지 않는 방법으로 몸에 붙이지 않으면 안될 것이, 이 포 핸드와 백 핸드를 적절하게 분간하여 쓸 때의 스텝 방식입니다. 볼은 우로 와도 좌로 와도 이 스텝을 익히면 자신을 갖고 반구됩니다.

우선 포 (fore)에서 볼을 친 후, 반구가 이쪽의 백 (back)쪽으로 왔다고 합시다. 처음에 포로 뿌리쳤으므로 중심은 왼발에 있읍니다. 이 중심을 우로 떼어내고, 먼저 왼발을 왼쪽으로 내디딥니다. 한 걸음 왼쪽으로 내디딘 발이 축이 되어서, 이것으로 몸 전체를 떠받치고 분발하여 뛰고, 오른발도 앞으로 내어 단숨에 백 핸드의 체세로 뛰어오르면서 옮깁니다.

역으로 백 핸드를 휘두른 후, 포 핸드가 되어서 치는 경우에는 그 반대입니다. 처음 백으로 뿌리쳤기 때문에 오른발에 중심이 있는 것입니다만, 이 오른발의 중심을 좌로 떼면서 오른발을 한걸음 벌립니다. 그리고 그 발에 힘을 주어 뛰면서 포의 폼으로 되돌아오는 것입니다.

이것은 연계의 연습이며 수비의 연습이라고도 말할 수 있읍니다. 포로 치고, 이어서 백으로 치고, 또 포로 친다는 규칙바른 바꿔침을 행하는 것이므로, 리듬을 타고 하면 순조로와 집니다.

다음에 이 바꿔침에 풋워크를 넣어 거리를 내 봅시다. 이때까지는 같은 지점에 있어서의 포와 백의 바꿈이였읍니다만, 이번은 포 사이드의 볼을 포 핸드로, 백 사이드의 볼을 백 핸드로 친다는 바꿔침입니다. 포에서 백으로 수 미터 움직이면서, 더구나 백 핸드의 자세로 바꾸는 것입니다. 이때는 포를 친 후, 그 왼발을 더한 걸음 왼쪽으로 내딛고, 이다음 오른발을 앞에서 왼발에 교차시키듯 바짝 끌어당깁니다. 그 위에 재차 왼발을 스텝하여 뒤로 물러나므로 해서 몸 전체가 좌로 크게 이동합니다. 이 다음 오른발을 바짝 당겨서 백 핸드의 자세를 잡는 것입니다. 즉 백쪽으로서의 이동과 포에서 백으로서의 바꿈을 동시에 행하고 있는 것입니다.

역으로 백 사이드에서 백 핸드를 휘두른 후, 포 사이드로 뛰어서 포 핸드를 휘두르는 경우는 이렇게 됩니다. 백 핸드의 휘둘러 뺌으로 중심이 걸렸던 오른발을 더 한 번 우로 디디어 넣게 합니다. 이 다음 왼발은 뒤에서 오른발과 크로스 시키듯이 운반합니다. 이번은 바로 오른발을 포 핸드의 모양으로 고쳐 벌리듯이 스텝합니다. 이 순간에 벌써 볼을 치기 시작하고 있고, 바로 왼발을 포 핸드의 모양으로 스텝을 다시 해서 뿌리쳤을 때 중심이 단단히 걸리게 합니다.

이리하여 이동하면서의 백, 포의 바꿈이 되였다고 하면, 극히 공격적인 플레이가 몸에 붙는 것이 됩니다. 포라도 백이라도 라켓이 휘둘러지고, 더구나 어느 정노의 범위는 기본적인 풋워크로 움직여 돌면 닿고, 더욱더 멀리 가면 포에서 백으로의 바꿈과 몸의 이동을 맞추어 활용하면서 치거나, 백에서 포로 크게 이동하면서 타법도 바꿔서 칠 수 있다는 것입니다. 이것으로 코트안의 어디로 볼이 날라와도 일단 반구되는 체세(体勢)가 정비되었다고 하겠읍니다.

③ 랜덤의 풋워크

그렇다고는 하지만, 말만으로는 현실에서 어디로 온 볼이라도 쫓아붙어서 반격할 수는 없읍니다. 이 기본적인 발의 운반법이 몸에 붙으면 다음에 본격적인 연습에 들어가는 것입니다. 실은 이것이 탁구의 연습에서 가장 중요한 곳입니다. 우선 가급적 많은 시간을 풋워크의 연습에 쪼갤 각오를 해주십시오. 이것이 잘 됨에 따라서 확실하게 성적도 좋아집니다. 쓰러지기 직전까지 해넘긴다는 각오로 대전해 봅시다. 이 연습을 해넘기지 못하면 결코 일류선수로는 못되며, 하지 못

▲ J선수의 랜덤의 풋워크

① ② 백쪽에서 칠 때도 반드시 왼발을 앞으로 내딛고 침. ③ ④ 이어서 오른발을 옆으로 스텝해서 포쪽에서 볼을 잡고, ⑤ ⑥ ⑦ 포쪽에서 치는 순간에는 왼발을 크게 앞으로 교차해서 내딛고 침. ⑦ ⑧ 로 일단 오른발도 우로 보내고, ⑨ 로 왼발을 좌로 크게 스텝, ⑩ 다음에 오른발을 당겨서 백쪽의 볼을 잡아 왼발을 앞으로 내딛고 침.

하면 국가 대표 선수로서는 실격이라고 말합니다. 여간 힘든 것이 아니므로 상당한 고생이 따릅니다. 매일 목표를 세워서 하지 않으면, 괴로워서 견디지 못하고 오래 계속 못합니다. 강한 신념을 갖고 하는 것이 비결입니다. 나는 고(高) 1때 하루 한 시간 반은 풋워크를 하고 있었읍니다. 그러나 이것은 일류 선수로서의 국가 대표를 목적한 것이며, 일반적으로는 중학생은 20분, 고교생은 30분에서 40분은 매일 해야 합니다. 연속으로 못하면은 도중에 휴식을 두고, 심장이나 근육을 쉬게 한 후도 좋으므로 토탈로 정량 정도가 될 때까지 하십시오.

이 연습으로 나는 최후에 랜덤의 풋워크를 도입키로 하고 있었읍니다. 이것은 전후좌우 어디라도 마음대로 쳐 주게 하며, 또한 이쪽이 상대의 일정한 곳으로 되돌리는 방법입니다. 이것으로 실전적인 풋워크의 연습이 됩니다. 이때는 끊임없이 전경자세를 유지하며 일구 일구(一球一球) 움직여서 치고, 그 되돌아옴을 조금이라도 빨리 하는 것으로, 끊임없이 발끝으로 움직여, 어떤 볼에라도 덤벼들어서 되돌리는 기분을 갖는 것입니다. 게다가 상대보다 한 개라도 더 끈덕지게 한다는 기분으로 움직여 주십시오. 노터치로 실수 한다는 것은 가장 부끄러운 일이라는 생각을 잊지 않고 하는 것입니다. 이 연습을 하는 동안은 새 상처가 늘 날지도 모릅니다. 그래도 스스로 나아가서 힘든 연습과 싸우는 것이 가장 숙달하기 쉬운 길이라고 하겠읍니다.

컷(cut)의 기본

탁구의 기술은 쇼트(shot), 컷(cut), 롱(long)의 순으로 발달해 왔읍니다. 그러므로 컷(cut)은 쇼트(shot) 전법에 우수한 기술이라고도 말할 수 있는 것입니다. 끈기 강하게 안정되어 미스가 없는 컷(cut)(cut)은, 현재의 파워나 속공을 주체로 한 탁구계의 안에서도 꿋꿋하게 살고 있읍니다.

컷맨은 탁구계에서도 힘이 강함을 보이고 있읍니다. 특히 여자의 탁구에서는 파워 넘치는 선수가 적기 때문에 컷은 남자보다 훨씬 유효한 전술로 되어 많은 선수가 활용하고 있읍니다.

그런데 컷의 사용법은 이른바 컷맨(cut man)이라고 말해서 컷주체의

반격을 장기(長技)로 삼는 것과 롱을 쓰면서 변칙적인 컷도 쓴다는 둘의 타입으로 구분됩니다. 컷맨으로서 컷 주전으로 싸우는 사람은 견딤이 강하고, 잘 버티는 타입으로 넓은 수비 범위를 요구하기 때문에 풋워크가 좋다. 라는 조건이 요구됩니다. 성내기 쉽고, 그만 냉정함을 잃고 컷하는 사람이나 힘을 다해 상대를 지게 해야겠다고 항상 생각하는 듯한 성격의 사람은 컷맨으로 그다지 어울리지 않습니다.

인내 강하고 냉정하며, 기회를 보고 반격으로 나오는 순간의 판단력을 지닌 사람, 그런 능력을 몸에 붙일 수 있는 가능성 있는 사람에 적합한 기술입니다. 아무나 컷맨에 맞는다고는 할 수 없으므로 그 점을 이해해 주십시오.

컷의 기본자세의 꾸밈은 오른발 앞의 중간 허리로 무릎을 가볍게 구부리고, 발은 팔의 글자로 벌린 모양입니다. 어깨의 힘을 빼며 오른발은 가볍게 앞으로 내고, 팔꿈치는 직각보다 약간 펴서 손목은 똑바로 합니 다. 왼팔도 위와 동형입니다. 턱은 당겨서 중심을 턱아래로 갖고 가볍게 움직여질 수 있는 몸의 다룸이 있으면 합니다.

이른바 자연체로 거북스러워지지 않는 리랙스한 느낌이 바람직합니다. 이러한 자연체가 언제나 될 수 있도록 스스로 연구해 주십시오. 컷맨은 사람에 따라서 다소 자세가 다르므로 여기서는 원칙만으로 해 둡니다. 자기 체형이나 근육의 발달의 정도 등으로 바꿔진다고 이해해 주십시오.

컷(cut)은 롱(long)과 달라서 백(back)쪽이 치기 쉽고 또 안정되어 있읍니다. 그것은 타법이 지닌 특징이며 대부분의 컷맨은 백컷을 장기(長技)로 삼고 있읍니다. 그래서 우선 백컷부터 들기로 합시다.

백컷할 때에는 자연체에서 먼저 왼발을 작게 스텝하고, 날아오는 볼에 대해서 왼발이 직각이 되게 스텝의 위치를 꾸밉니다. 그때 중심(重心)은 왼발에 옮깁니다. 이 움직임에 따라서 오른발을 앞으로 내디딤과 동시에 오른쪽 겨드랑이를 죄어서 라켓을 왼쪽 귀의 근처까지 휘둘러 올립니다. 이 다음 체중을 왼발에서 오른발로 바꿔 옮기면서 볼을 바짝 당겨, 무릎을 중심으로 라켓을 휘두릅니다. 타구점은 벨트의 높이가 이상적이며 적어도 양발의 스텝 중간까지 볼을 끌어당겨서 칩니다.

볼의 타점은 볼의 경사밑이며, 볼이 정점을 지나서 아래로 떨어지기 시작해서 그 풀이 꺾인 곳을 잡으면 안정이 되어 되돌리기 쉬운 것입니다. 이때 양무릎을 구부려서 몸이 가라앉는 느낌이 되는 것이 포인트입니다. 상반신이나 허리를 구부리지 않는 것도 중요합니다. 또 무릎을 구부렸을 때 반드시 발끝서기가 되면 경쾌한 느낌이 듭니다.

뿌리친 후는 라켓을 당겨서 자연체로 되돌아갑니다만, 왼발 따라서 오른발 순으로 스텝하고 원 스텝의 위치로 되돌아갑시다. 왼손의 팔꿈치는 항상 구부려서 밸런스를 잡고 뻗지 않을 것. 턱은 당겨서 머리를 흔들거나 하지 않도록 주의 합시다. 이때 밸런스와 리듬을 잡기 위해 컷을 휘둘러 내릴때 왼쪽 팔꿈치를 조금 뒤로 당겨보면 스무스한 움직임으로 흉부가 조금 펴지고 큰 스윙 컷(swing cut)으로 되는 것입니다.

백 컷이 어느 정도 마스터된 곳에서 이번에는 포 컷(fore cut)을 행합시다. 자연체로 자세하고 나서 스텝하여 오른발의 위치를 볼이 오는 선에 대해 직각으로 옮겨 바꿉니다. 이어서 왼발을 탁자에 대해 수직으로 돌립니다. 여기서 오른쪽 귀의 근처까지 라켓을 들어올려 팔꿈치 중심으로 스윙합니다.

타점은 오른쪽 허리의 앞 근처에서 양무릎으로 내려지고, 중심(重心)을 오른발에서 왼발로 옮기면서, 볼의 경사 밑을 컷합니다. 왼손은 밸런스를 잡을 뿐이며 가슴도 자연체대로. 포인트는 양무릎의 사용법입니다. 라켓은 뿌리친 후 바로 자연체로 되돌리고, 오른발, 왼발의 순으로 스텝하여 자연체로 되돌아옵니다.

그런데 라켓을 쥐고있는 오른손만으로 백스윙 하면 겨드랑이가 벌어져서 타점이 너무 뒤로 됩니다. 또 겨드랑이를 너무 붙여서 스윙이 작게 되어 있는 사람도 있읍니다. 컷의 스윙은 언제나 위에서 아래로 휘두르는 것으로, 팔만으로 치거나 너무 힘을 주어 치거나 하지 않는 일입니다. 반드시 무릎의 용수철을 사용, 너무 전신에 힘을 넣지 말고 스무스하게 리드미컬하게 치는 것이 목표입니다.

훌륭한 컷맨을 보고 있으면, 하반신이 강하게 안정되어 있고, 반면 상반신은 릴랙스한 상태로 실로 매끄러운 움직임을 합니다. 강하게 치려하고 입언저리를 죄면 그 긴장감이 턱이나 목의 근육으로 전해지고 점점 어깨나 팔로도 전파해서 딱딱한 모양이 됩니다. 오히려 입언저리는 너무 힘을 주지말고 자연히 다물고 있는 정도가 좋습니다.

컷(cut)의 응용

① 대(對) 드라이브(drive)의 컷(cut)

드라이브볼(drive ball)을 컷(cut)으로 되돌리는 경우는 롱의 볼을 컷할 때에 비해 움직임이 크게 됩니다. 이것은 드라이브가 롱보다 움직임이 있는 위력을 지닌 볼이기 때문입니다. 이 때는 허리의 위치를 볼에 대해 평행이 될 정도 깊이 넣으며 라켓도 좀 높게 들어올리고 바로아래로 휘둘러 내리는 느낌으로 스윙합니다.

무릎은 롱일때 깊이 잘 구부려서, 충분히 휘둘러 내리기 쉽게 합니

다. 이것은 컷해서 타구의 기세를 죽이는 것에 주안점을 놓고 있으므로 라켓의 각도는 마루에 대해서 직각이 되고, 뿌린친 후에 비로소 라켓면을 상향으로 하고 볼을 들어올리는 느낌을 냅니다. 스텝도 약간 넓어지고 전체로 큰 스윙이 되어 드라이브의 위력에 대항합니다.

② 대(対) 스매시(smash)의 컷(cut)

컷맨은 드라이브만이 아니고, 상대가 포인트하려고 쳐 들어온 스매시를 줍지 않으면 안됩니다. 요컨대 상대에게 전력 플레이시켜서 그것을 견디어가며, 상대가 힘을 다 쏟은 곳에서 아웃시키러 가는 것이 원칙적인 전술입니다. 따라서 이 스매시의 컷은 연습이라도 큰 비중을 점하고 이것을 못하는 사람은 컷맨으로 되지 못한다고 말들 합니다.

그런데 스매시의 볼은 상대가 최대의 위력을 붙여서 쳐 왔기 때문에 상당히 스피드가 있읍니다. 컷맨은 이 볼의 스피드가 떨어진 곳을 겨냥하기 위해, 가급적 코트의 후방으로 물러나서, 볼을 바짝 끌어당기

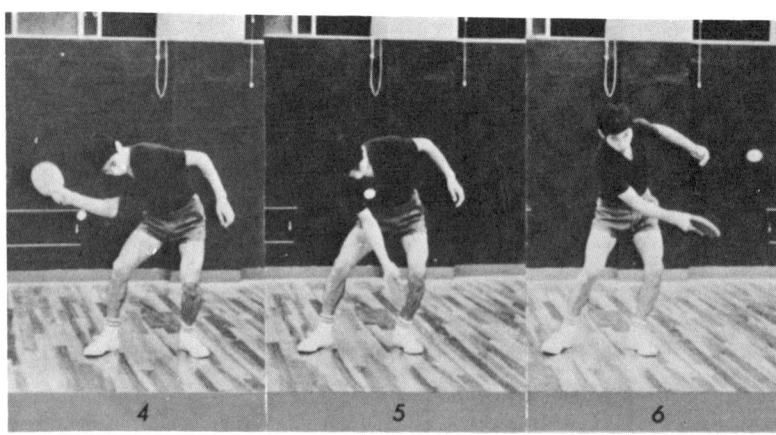

▲ T선수의 포컷

① 하반신을 단단히 하고, 상체를 편하게 해서, ②③으로 작은 백스윙으로 볼을 바짝 당겨, ④⑤로 라켓의 각도를 일정하게 하고 오른쪽 팔꿈치 중심으로 스윙함. 타구점에 의해 상체가 꺾여노, 하반신은 무릎을 사용해서 안정시키고 있음. ⑤⑥ 자를 때는 손목중심으로 사용, 큰 보디스윙이 안됨. 왼쪽 무릎을 넣고 이어서 오른쪽 무릎을 넣는 무릎의 사용법이 포인트.

고서 컷합니다. 백 컷이면 왼발을 마음껏 스텝을 해서 넓은 스탠스를 잡고 충분히 왼발에 중심을 옮겨서 똑바로 휘두르고 갑니다. 컷맨의 위치가 탁자에서 떨어져 있기 때문에, 라켓을 밀어내는 느낌으로 휘둘러, 볼을 멀리 운반하는 조작도 필요합니다. 왼쪽 팔꿈치는 위로 올리고, 스매시의 위력이 있을 때는 등을 상대에게 보일 정도로 상체를 구부릴 필요도 있읍니다. 이것에는 풋워크를 필요로 하고 있고, 발로 줍는 기분을 근본적으로 가져주십시오.

③ 대(対) 쇼트(shot)의 컷(cut)

쇼트(shot)로 공격받았을 때에는 절대로 자신을 갖고 컷(cut)하는 것이 필요합니다. 쇼트에서는 탁자에 근접해서 컷하기 때문에 작은 스윙으로 치는 것, 변화를 붙여서 치는 것등, 이쪽의 전법을 함께 담은 컷이 많이 채용됩니다. 때로는 이후, 일부러 상대에게 치기쉬운 볼을 돌려, 상대에게 강타시키고서 줍고가는 작전을 하는 수가 있읍니다. 상대의 미스를 유발시키는 전법으로서는 상당히 효과있는 방법입니다.

④ 대(対) 찌르기의 컷(cut)

찌르기는 컷맨(cut man)의 장기(長技) 중의 장기로 가장 되돌리기 쉽습니다만, 상대가 왜 그 되돌리기 쉬운 찌르기를 사용해 왔는가를 생각하고서 플레이해야 할 것입니다. 상대를 앞으로 다가서게 해 놓고 다음에 강타로 뽑아야겠다고 생각하고 있는 것을 우선 머리에 넣어 둡니다. 그래서 이쪽은 찌르기 싸움에 드는 것이 아니고 탁자에서 조금 떨어져서 찌르고, 다음에 공격받아도 중진으로 되돌아와서 줍는 위치를 계산하면서 치는 것입니다. 컷맨의 찌르기는 몸 앞에서 볼을 잡으면, 그다지 어려움없이 안정 되어서 돌려 보내집니다.

⑤ 대(対) 스톱(stop) 대책

넓은 수비 범위를 갖는 컷맨에 대해서 상대가 걸어오는 공격은 미들공격과 전후의 흔듦이 2대 특징입니다. 이 가운데 후진으로 물러서게 되어서 다음에 네트가에 똑 떨어지는 스톱만큼 컷맨의 약점을 찌르는 공격은 없읍니다. 이때는 타고난 풋워크가 말을 듣고 앞으로 달려듭니다만, 되돌리는 법에는, 이쪽도 짧게 되돌린다든가, 역으로 깊게 되돌린다든가, 사이드 회전을 건다든가, 어쨌든 무엇인가의 머리를 짜서 되

▲ T선수의 대(対) 드라이브·백컷

① 넓은 스텝으로 자세잡고, ②③ 으로 왼발에 중심을 옮겨서 큰 체세로 드라이브를 기다리며 라켓을 세워, ④ 팔꿈치를 직각으로 구부리고, 손목을 구부려서 오른어깨를 넣음. 왼쪽 팔꿈치는 후방으로 당기고, 턱을 당겨서 몸 앞에서 잡음. ⑤ 바로 위에서 수직으로 휘둘러 내리고, 팔꿈치를 완전히 쭉 뻗는데, 라켓의 각도는 바꾸지 않음. ⑥ 으로 상체를 충분히 쭉 뻗음.

▲ T선수의 둘기물 높은 러버에 의한 컷
① 드라이브의 위력을 죽이는 것이므로 자세는 크게 하지만, ② 백스윙은 작게 해서 오른쪽 팔꿈치 중심의 스윙이 되고, ③ 작은 스윙으로 수직으로 휘둘러내려서 러버면으로 일단 타구를 받고는, ④ 밀어내가는 느낌으로 휘둘러내림. 무릎이나 허리는 거의 쓰지 않고, 턱을 끌어당김. 정중한 반구가 목표가 됨.

돌리는 것이 중요합니다.

중동무이로 그저 돌려보내서는 다음에 스매시로 당합니다. 오른발을 충분히 디디고 되돌립니다만, 포쪽으로 왔을 때는 왼발의 앞에서도 돌려보내게 합니다.

⑥ 컷맨(cut man)의 겨냥

컷맨은 단순히 돌려보내는 것이 아니고 언제나 상대의 미스를 찌거

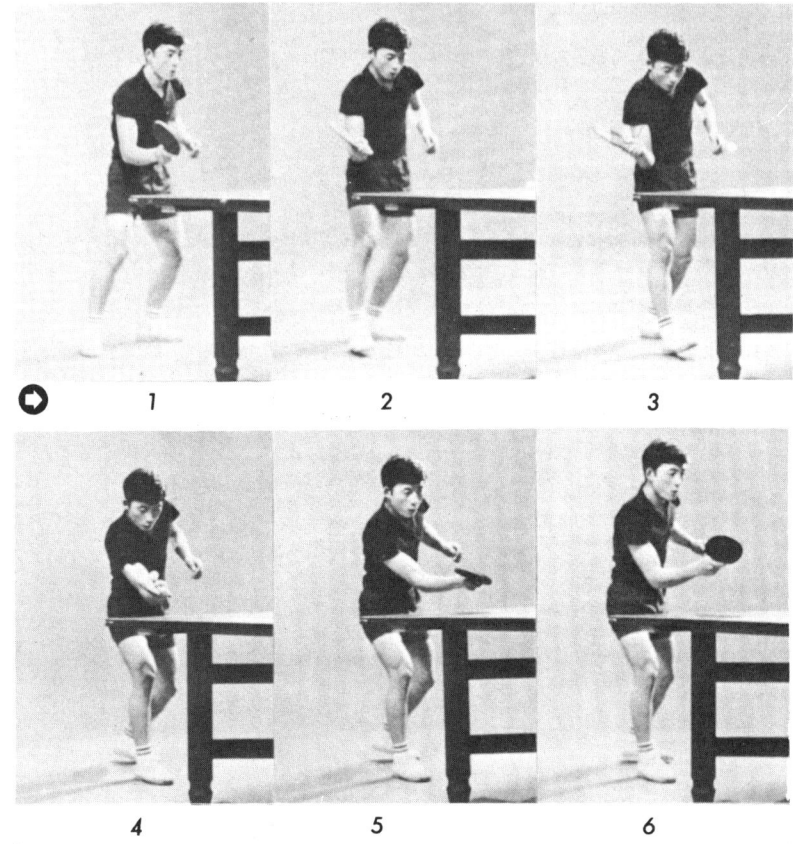

▲ K선수의 대(対) 찌르기·포켓
① 기본자세의 때부터 탁자에 붙어있으면 반구한 후 쳐뚫리는 위험성이 있으므로 약간 중진에서, ②③으로 내딛고나서 탁상에서 잡습니다. ④⑤로 오른쪽 팔꿈치 중심의 스윙으로 라켓의 각도를 바꾸지 않은 채 일단 러버에 싣고, 조심스럽게 운반해 주는 것입니다. ⑥에서 되돌아옴을 재빨리 합니다.

나, 혼란을 일으키게끔 컷에 여러가지의 궁리를 하고있는 것입니다. 이른바 덫을 걸고 있는 것입니다.
 우선 되돌린 볼은 상대 코트의 어디로 떨어뜨리면 좋은 가를 생각해 봅시다. 깊이 되돌리는 컷, 혹은 얕게 탁상에서 투바운드 할 정도의

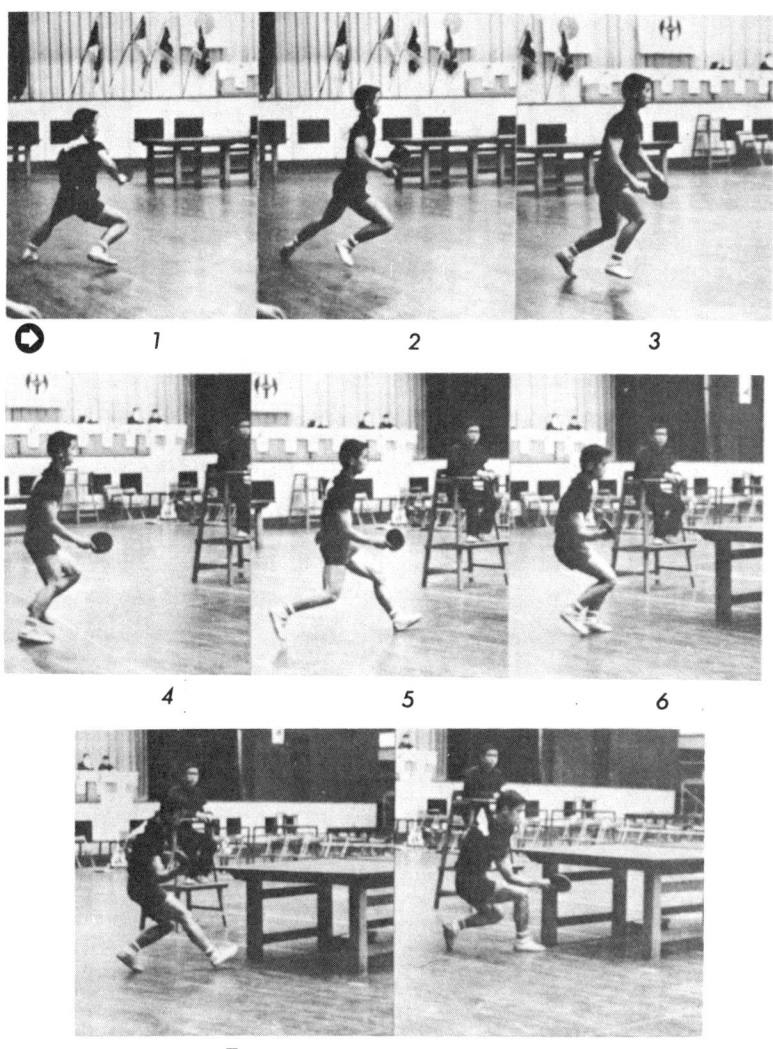

▲ W선수의 포쪽의 대(對) 스톱 처리
 ①에서 ⑤까지의 움직임에서는 낙하점에 직진않고 일단 볼의 나가는 방향에 대해 돌아들어서 드는 것같은 움직임이 보입니다. 게다가 허리가 안정되어서 눈길의 상하이동이 없으므로, ⑥에서 ⑦⑧로 되돌릴 때에 편한 스윙이 됩니다. 러닝·컷이 되는 것이므로 허리에서 상체가 흔들거리지 않도록 해서 낙하점으로 가는 것이 최초의 포인트입니다.

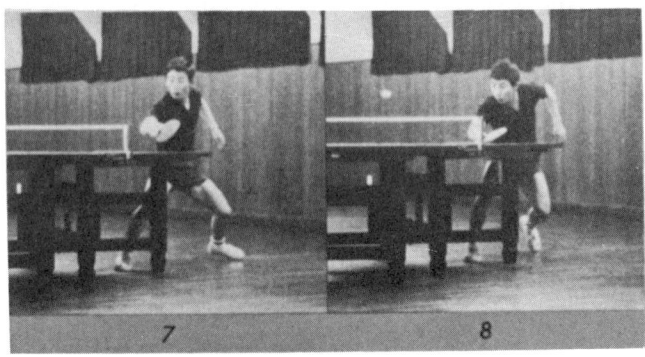

▲ K선수의 백쪽의 대(対) 스톱 처리

① 에서 ⑦ 까지 기세좋게 전진해오기 위해, ⑥ 으로 멈추고, 기본자세로 되돌아오려고 ⑦⑧ 처럼 아무리해도 앞숙임이 됩니다. 그것을 커버하는 것이 팔꿈치를 중심으로 한 스윙이며, 오른발의 브레이크의 방식입니다. 낮은 자세로 달리면, 이 일단 정지로 팔꿈치로의 조절이 하기 쉬우며 미스를 유발하지 않습니다.

컷등, 떨어뜨리는 위치를 생각하고 갑니다. 다음에 바운드는 작으며 스피드를 죽인 반구가 되도록 연습을 쌓고 갑니다. 컷맨의 스윙은 마루바닥에 대해서 직각으로 휘둘러 내릴 때부터 바닥에 평행으로 휘두를 때까지 모든 각도로 휘두르게 하지 않으면 안됩니다.

또 스냅을 충분히 쓰거나 무릎을 사용해서 볼을 날카롭게 자르는 것을 익히지 않으면 안됩니다. 컷에도 무거운 볼과 가벼운 볼이 있읍니다. 무릎을 중심으로 해서 몸 전체로 치면 무거워지고 수타가 되면 가벼워집니다. 잘리는 컷, 너클성(性) 컷, 보통의 컷의 세종류를 분별하는 것도 필요할 것입니다.

컷맨에는 수비형 컷과 공격형 컷의 두 종류가 있고, 수비형 컷의 경우는 상대보다 한 개 더 끈덕지게 버틴다는 전략으로 바라봅니다. 공격형 컷일때는 컷의 변화나 코스로 공격하며, 찬스가 있으면 반격으로 옮긴다는 적극적인 기분으로 맞섭니다.

어떻든 기본전략은 장기의 백컷을 다용하기 위해서, 상대의 백을 공격하고 간다는 것이 됩니다. 물론 컷맨으로서는 백·포의 바꿈을 스무스하게 하고, 전후의 풋워크, 스매시를 잡는 연습, 후진에서의 컷, 미들의 처리등을 충분히 해둡니다. 라켓은 합판으로, 뿌리쳐지는 범위에서 가장 무거운 것을 고릅니다.

어떻든 반사신경이 좋고, 민첩한데다가, 인내강하다는 장거리 러너이상의 요소를 구할 수 있으므로, 컷맨이 되기에는 다른 사람의 배는 연습할 마음가짐으로 대전하지 않으면 여간 대성하기 어렵습니다.

서브(serve)의 기본

중국과 대전하기 전의 탁구계에서는, 서브(serve)는 랠리(rally)의 주도권을 확보하기 위한 수단에 불과하다——라는 생각이 지배적이었읍니다. 이것은 게임을 진행할 때, 항상 자기에게 유리한 전개로 들고 가서는, 스매시나 장기(長技)를 사용해서 포인트를 벌고 간다는, 이른 바 지공형(遲功型)의 생각이 주류를 점하고 있었기 때문입니다. 특히 컷 주전의 구주형 탁구가 세계의 톱으로 있던 시대에서는 충분히 이치에 들어맞는 전법이였읍니다. 그러나, 중국의 전진 속공을 주체로 한

새로운 전형의 앞에서는 이러한 생각으로는 선수를 잡기는 커녕, 오히려 후수후수로 도는 케이스가 많아졌읍니다.

중국에서는 서브(serve) 그것으로 포인트를 올린다. 만일 서브로 안되면 3구째 공격으로 끝장을 내 버린다——라는 속공형의 사고(思考)가 나타나, 서브 연습에 하루의 연습의 반 가까이를 소비한 듯한 노력이 겹쳐쌓인 적도 있읍니다. 이 때문에 변화가 심한, 더구나 살피기 어려운 서브가 잇달아 나타나 상대 선수를 괴롭히고 있읍니다.

현재에는, 서브는 선수(先手)를 잡는 수단이라는 생각에서 한걸음 나아가서, 서브라도 포인트한다. 안되면은 3구째, 5구째로 승부하기 위한 기술로서 재고되어, 서브란 최초의 아타크라고 생각하게 되었읍니다. 그러한 생각이 조금씩 퍼진 관계로 훌륭한 서브가 많이 보이게 되고, 그것을 받는 리시브의 연구보다 한 걸음 앞서 있는 느낌이 있읍니다. 이제부터 탁구에 대진(對陣)하는 사람은 서브는 공격의 제1보다——라는 사상으로 시작할 필요가 있읍니다.

그런데 서브를 넣는 포인트의 제일은 절대로 미스를 안한다—— 라는 기본점에서 출발하는 것이 중요합니다. 다섯 개 연속 서브해서 한 개라도 미스를 했다고 하면 벌써 상대에게 핸디를 주고 플레이 하고 있는 것이 됩니다. 조잡하고 거친 서브에 강한 선수는 없읍니다. 어떤 경

우라도 반드시 들어가는 서브를 몸에 붙이는 것이 제 1 보입니다. 상대의 움직임에 헛갈려서 서브 미스하게 될 상태로 시합에 임하는 것은, 지려고 가는 것 같습니다. 혼자서 충분히 연습하고 서브에 자신을 지닐 때까지 노력하고 나서 대회에 나가도 결코 늦지 않습니다. 서브의 연습은 철저하게 합시다.

다음에 겨냥한 곳에 서브가 넣어질 때가지 반복 연습을 합시다. 가령 아무리 날카롭게 잘린 서브를 넣을 수 있어도, 겨냥한 곳으로 가지 않으면, 역으로 상대에게 선수를 빼앗길 뿐으로, 서브권(權)을 쥐고 있는 의미가 없읍니다. 넣은 서브의 행선을 모르면 그 랠리는 주도권을 잃게되고 수동적인 전개가 되어버립니다. 상대의 나오는 태도 여하로 게임을 꾸미는 것은 패전의 근본이 됩니다. 따라서 어디로 넣을까 정했으면 정한 곳으로 볼이 가도록 반복해서 연습하는 일이 중요한 포인트입니다.

여기까지는 상식이며 누구나 아는 것입니다만, 이 때 코스만 생각대로 간다면 좋다고 생각해서는 너무 안이합니다. 만일 생각한 코스로 확실히 넣더라도 바운드가 높으면은 아무것도 안되는 것입니다. 높은 바운드의 서브에 좋은 서브는 하나도 없읍니다. 그것이 어떻게 잘려있어도, 어떠한 변화가 붙어 있어도, 스매시 당하기 쉽기 때문입니다. 상대에게 서브를 제거 당해서는, 더 서브를 넣을 의미가 없어집니다. 서브의 필요 최저 조건에, 낮은 서브인 것이 더 보태집니다. 낮으며 변화가 있는 서브를 겨냥한 곳으로 낸다──이것이 서브의 기본적인 조

건이라 하겠읍니다.
 그러면, 그 기본 조건을 채우는 서브가 넣어지면 그것으로 좋으냐 하면은, 그렇지 않습니다. 그것으로는 불충분합니다. 그 넣는 법에 각종의 테크닉이 요구됩니다. 먼저 서브의 변화가 간파되지 않게 하기 위해서 동일 모션으로 세 종류 이상의 서브가 넣어지도록 하는 것이 필요합니다. 스트레이트, 하회전, 너클, 옆회전 등의 서브를 같은 자세에서 넣고, 같은 폼으로 다 넣는 것입니다. 이때의 요령은, 서브를 넣기 전은 '침착하고 느긋한 동작이구나' 라고 상대에게 생각케하고, 순간적으로 빠른 모션으로 팍 넣는 것입니다. 서브를 넣는 순간은 항상 퀵모션이어야 합니다. 처음부터 끝까지 차분하게 넣어서는 상대에게 알려지기 쉽습니다. 느닷없이 상대가 눈 깜박하는 순간에 모든 것을 끝마친다는 마음의 작정이 있으면 퀵모션은 그다지 어렵지 않습니다. 그러기 위해서는 단단히 자세하고 나서 넣는 것입니다. 넣을 때마다 자세가 다르거나, 토스의 위치가 바뀌지거나 하면 서브의 형(型)이 성립안됩니다. 하나의 형을 만들고 거기서 다채로운 변화 서브를 팍 넣도록 궁리해 봅시다.
 이 때 볼을 잘 보는 것이 서브의 흐트러짐을 적게 하는 요령입니다. 볼에서 눈을 떼고 상대의 코트를 보면 코스를 알려주기 쉬워지고 미스에도 이어지는 것입니다.
 다음에 작은 모션으로 넣는 일입니다. 모션이 작으면 빨리 넣어진데다가, 변화를 알려지지 않게 되는 잇점이 있읍니다. 작게 한데 모인 모

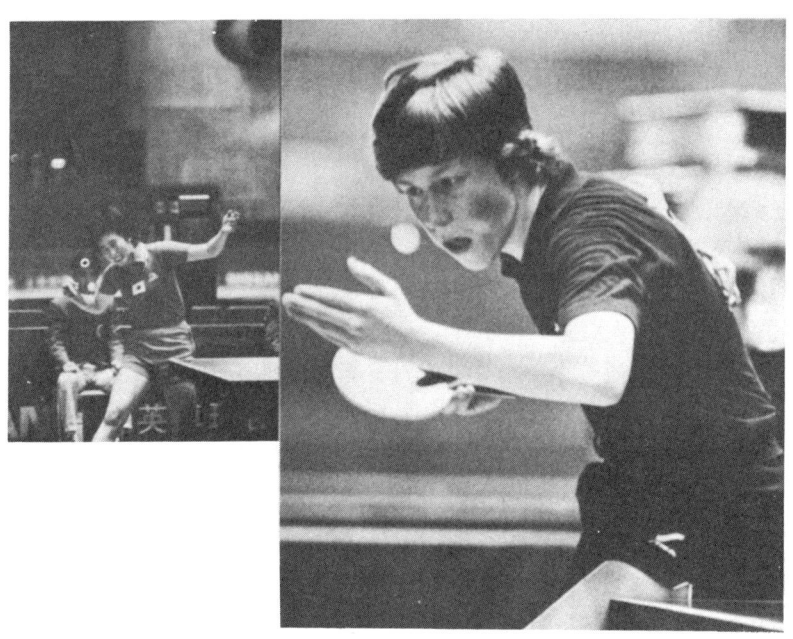

션을 만듭시다. 그리고 볼을 칠 때는 손목의 스냅에만 의지하지 말고, 몸전체를 사용해서 치도록 유의해 주십시오. 이것은 서브의 안정성에 크게 기여하는 것입니다. 손목만으로 치면 손짓작이 빗나갔을때 콘트롤을 잃는 서브가 나옵니다.

이리해서 대강 기본이 몸에 붙었으면 다음에 어떠한 서브를 넣느냐 생각하는 버릇을 붙이십시오. 서브는 항상 리시브 다음의 대응을 생각하고서 넣는 것입니다. 이 서브로 포인트한다 —— 라는 기백만으로 넣어서는 위험합니다. 이 서브로 포인트한다. 만일 상대가 그것을 리시브하고 오면 이렇게 반격하고 싸운다 라는 곳까지는 최소한도 생각해 둘 필요가 있습니다. 이것을 넣으면 아마 이렇게 될 것이다 —— 라는 중동무이의 기분으로 넣으면 실패하기 십상입니다. 반드시 이 서브로는 이렇게 한다라는 굳은 신념하에 넣으십시오. 그 대응이 예상밖의 리시브가 되어서 돌아왔다고 하더라도 그것을 두려워하지 말고 적극적인 서브를 넣는 것이 숙달하는 요령입니다.

서브에는 드라이브성(性) 롱 서브(long serve), 하회전서브, 너클성 롱서브라는 기본적인 타입이 있습니다. 이것을 포와 백의 양사이드에서 넣으며 그렇게 하고도 크로스와 스트레이트의 양쪽의 코스로 넣어지게 하는 것이 우선 초보의 포인트입니다. 그 중에서 가장 넣기 쉬운 것, 가장 날카로운 것을 생각하고 구성하며 갑니다. 한개 한개의 서브를 닦음과 함께 항상 서브를 못살피게 하기 위한 궁리를 거듭하며 갑니다. 날카로운 서브가 넣어져도 그것이 상대에게 알려져서 매복하고 기다리게 해서는 아무것도 안됩니다. 특히 자세의 단계에까지 상대에게 읽혀진 서브는, 아무리 날카로운 변화를 주어도 찬스볼을 낸 것과 같습니다.

어떠한 변화인지 알 수 없다는 기분을 상대에게 주는 것은 그것만으로 서브의 변화보다 나은 효과를 갖는 것입니다. 더구나 넣은 후가 되어도 너클인지 하회전인지 상대가 모른다면 사소한 변화만이라도 충분히 효과가 있습니다. 날카로운 서브의 변화만을 으뜸으로 생각하고 연습하는 것은 실전에 적격이 아닙니다. 어디까지나 동일 모션으로 날카로운 변화서브, 상대에게 읽혀지지 않고 넣는 것이 서브의 기본 연습이 됩니다.

서브(serve)의 응용

① 롱 서브(long serve)

이러한 기본을 머리에 넣고 롱 서브에 대전해 봅시다. 롱 서브에는, 드라이브성과 너클성의 두 종류가 있읍니다. 드라이브성 서브일 때는 볼에 회전을 줍니다. 너클성일 때는 무회전으로 밀듯이 넣습니다. 이것을 넣을 때는 상대가 전진의 자세를 잡고 탁자에 대해서 쇼트성의 서브를 예상하고 있는 때든가, 상대의 풋워크가 나쁜때든가, 상대에게 쇼트로 리시브시키고 그것을 3구째 공격하는 때든가, 롱전(戰)에 들고 싶은 때든가, 가지가지 싸움 중에서 사용하는 기회는 많은 것입니다. 상대의 리시브는 강타나 쇼트밖에 없다고 생각하며 그것을 머리에 두고 넣습니다. 되돌아옴을 빨리해서 3구째는 쇼트나 포로 칠 수 있도록 갖추고 나서 넣읍니다.

이 서브는 넣기 전에 상대가 알아채지 못하게 해 두는 것과 동시에 이 서브로 간다고 내심 은근히 다짐하고 넣는 것이 중요한 것입니다.

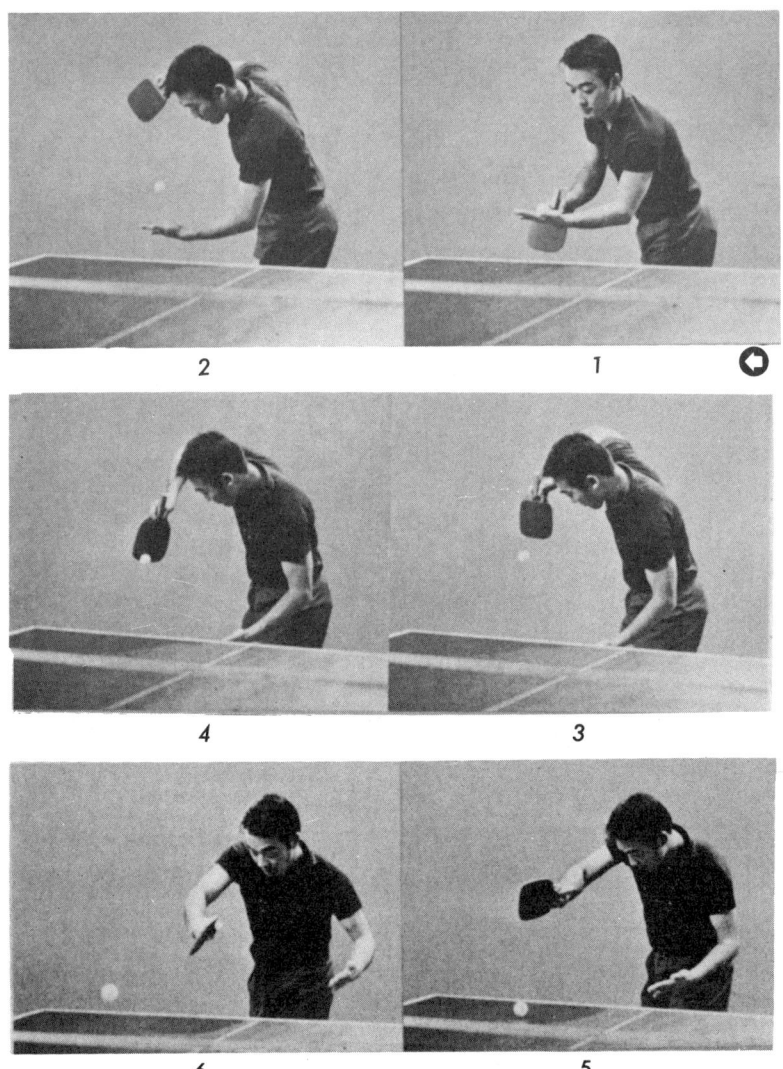

▲ T선수의 포 핸드 롱서브
 ① 상대에게 서브를 읽히지 않기 위해 포인지,크로스인지 모르는 자세로,②③으로 컷성(性) 서브의 모션을 넣어,④⑤로 옆회전인가 생각되게 하고,⑥에서 오른쪽 팔꿈치 중심으로 롱서브로서 순간적으로 밀어넣고 있음. 스냅을 잘 사용한 롱서브로 되어 있음. 허리의 흔들거림이 없고 읽기 어려운 서브임.

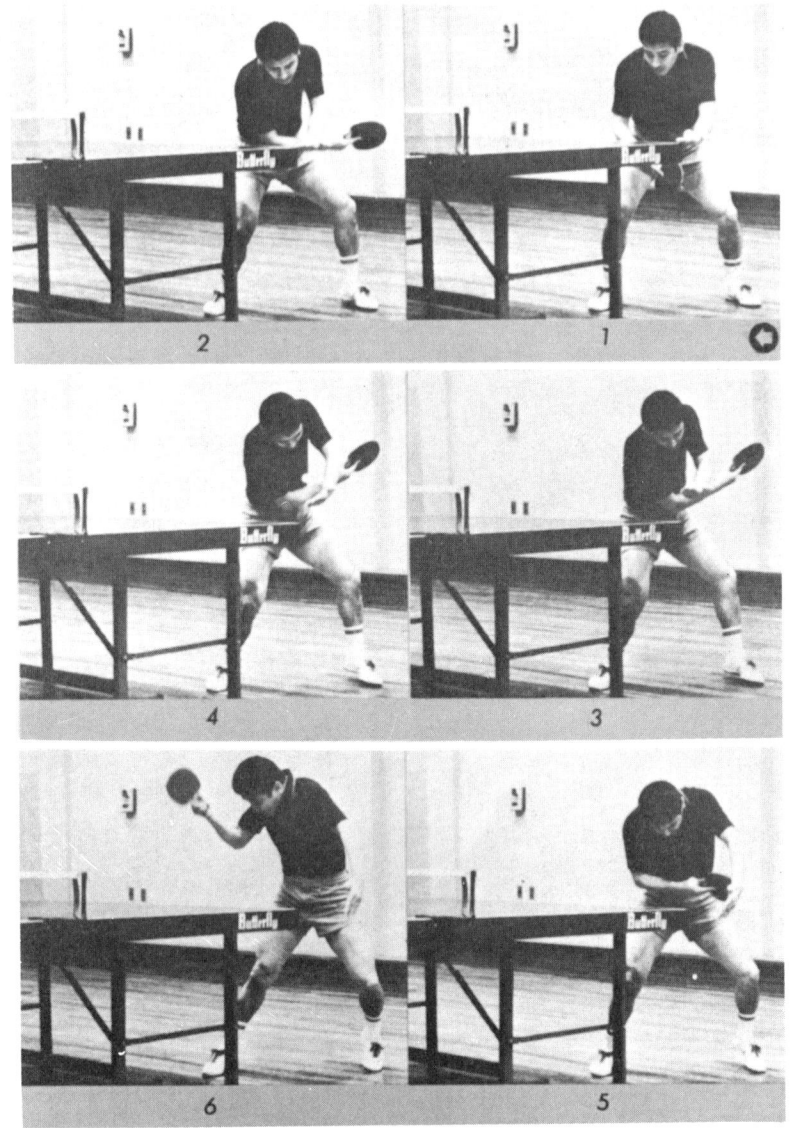

▲ J선수의 백핸드 롱서브
 ① 에서 ②③ 으로 옮길 때는 순간적으로 들어가 스트레이트인지, 크로스인지, 컷인지, 롱인지 전혀 모르는 체세를 취하고, ④ 에서 ⑤ 로 스냅을 살려 볼을 비비듯 뿌리침. 오른어깨를 깊이 넣어 턱을 당기고 모션을 작게 하면, 한층 더 효과가 나옵니다.

또 일발로 해내야겠다는 적극적인 마음을 갖고있지 않으면 중동무이의 서브가 되어서 상대에게 보기좋게 리시브되어 버리는 위험성도 품고 있읍니다.

포 쪽에서의 자세는, 스피드를 내기 쉽게 하기 위해 스탠스일 때 기본자세보다 약간 왼발을 앞으로 내면 서브하기 쉽게 됩니다. 따라서 상체는 사이드라인에 평행이나 그것에 따르게 됩니다. 이렇게 하면 상체의 비틈으로 크로스에도, 스트레이트에도 넣기 쉽게 되는 것입니다. 천천히 자세잡고 차분히 넣어서는 아무것도 안됩니다. 미리 작심하고, 상대가 리시브의 체세로 들려하는 순간에 자세잡고 꽉 넣어버리는 것이 요령입니다. 생각할 여유를 주지않는 사이에 승부로 나오는 기분이 필요합니다.

그리고 볼은 되도록 코트의 바로 앞 근방에 튀게해서 낮게 바운드시켜 상대의 코너 바짝 겨냥하는 것이 원칙입니다. 크로스면 사이드를 자를 정도의 각도를 냅니다. 미트를 날카롭게 해서 빠른 공으로 하지 않으면 상대에게는 찬스볼이 되어 버립니다. 스피드와 코스가 생명인 서브입니다. 느리고 높은 바운드는 실패의 원인이 됩니다.

백쪽에서 넣을 때는 발의 위치가 역으로 되어서 몸도 상체가 사이드라인에 평행이 될만큼 구부러집니다. 오히려 이때는 상대에게 등을 보일만큼 상체를 숙이고 나서 넣는 것이 크로스, 스트레이트의 분간 사용에도 효과가 있읍니다. 이때는 허리의 비틈도 충분히 씁니다. 라켓의 타구점은 라켓의 중심선보다 약간 윗쪽이며, 또한 중앙보다 앞이 됩니다. 그립과 라켓의 선단을 잇는 중심선보다 밑에서 쳤을 때는 스피드가 충분하지 않으며, 라켓의 중앙 부분으로 쳐도 마찬가지입니다. 라켓의 앞(끝쪽)이며 윗쪽이 힘이 전해지기 쉬운 부분입니다.

이때, 높은 바운드가 안되도록, 위에서 볼을 내동댕이 치지 않게 합시다. 바로 앞의 코트에서 되도록 엔드라인에 가까운 곳에 바운드시키지 않으면 네트에 걸려서 미스가 됩니다. 또 코트에서 떨어져서 넣으면 미스하기 쉽고, 뿌리칠 때까지는 스텝 하지 않도록 하지 않으면 실패합니다. 이것은 팔꿈치와 손목을 사용한 스윙이 기본이며 서투른 사람은 어깨중심의 큰 모션으로 간파된 데다가 스피드가 없는 볼을 넣습니다. 순간의 승부이므로 작은 모션으로 마음껏 뿌리쳐 봅시다. 크로

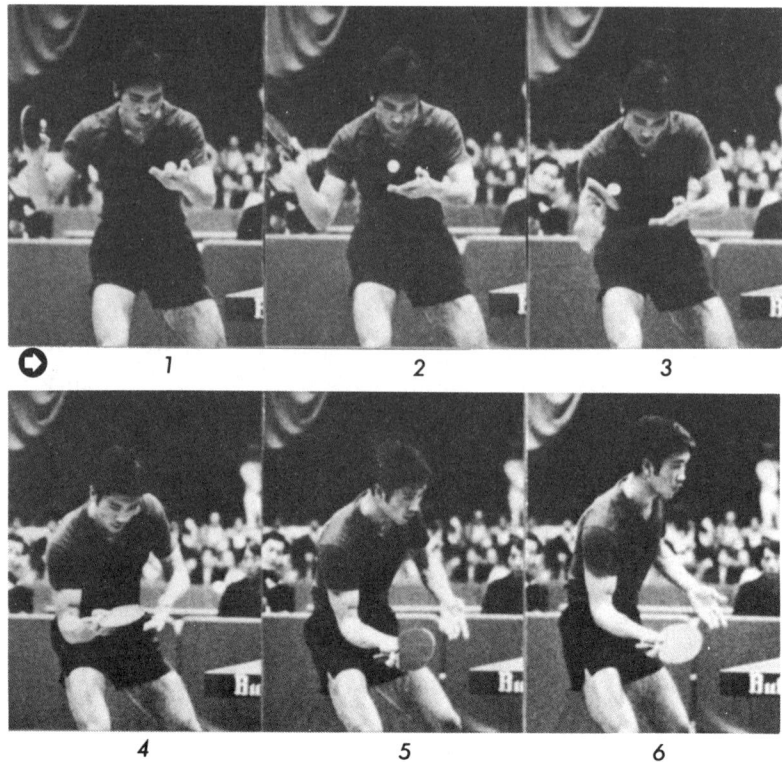

▲ C선수의 하회전 서브
① 높은 위치에서 토스하면서, 바로 위보다 약간 되돌린 볼을, ③ 라켓면을 기운채로 받아, ④로 간신히 볼의 바로 밑을 잘라, ⑤로 라켓면을 되돌려서 너클성과 혼동시키는 듯한 움직임을 보입니다. 리스트가 강하기 때문에 손목의 스냅의 움직임이 작으며, 과연 너클이라 생각케하면서 실은 날카로운 솜씨를 갖고 있읍니다.

스와 스트레이트를 분간해 넣는 것은 어깨가 잘 들어간 자세에서 상체의 비틈을 사용하면 비교적 쉽게 구분되는 것입니다.

최근에는 이 서브가 적어졌으므로 평범한 컷서브보다 효과적이며 또한 상대에게 심리적 동요를 일으키는 데도 쓸모가 있읍니다.

② 옆회전 서브(side spin serve)
옆으로 회전시킨 볼은 게임의 중반에서 상대를 교란하거나, 갈피를

▲ J선수의 백핸드 하회전 서브

　이것은 롱서브인지, 컷성서브인지 상대에게 알아차리지 못하게 하기 위해, ① 상대가 리시브체세로 든 그 순간을 노리고, ② 오른 어깨를 충분히 넣어서 스트레이트, 크로스 어디라도 칠 수 있는 체세에서, ③ ④ ⑤ 로 극히 일순간에 팍 볼 밑을 자르고, ⑥ ⑦ 로 너클성인가로 생각케하는 움직임을 하면서 제 3 구째 공격의 체세로 옮겨가는 서브입니다.

못잡게 하거나 할 때에 유효한 서브입니다. 이 서브는 회전을 놓치고 간단히 대면 옆으로 뛰어나가는 성질이 있는 반면, 간파 되어서 정확하게 맞으면 날카로운 롱이나 스매시가 되어서 돌아오는 성질이 있읍니다. 따라서 게임의 승부처에서 사용하는 것은 위험합니다. 궁지에 몰렸을때에 할 수 없이 사용하는 사람이 있읍니다만, 타격 당할 위험성의 쪽이 훨씬 강합니다.

이 서브는 하회전 서브가 잘 정해져 있는 때든가, 상대가 하회전 서브의 반구에 고민하고 있을 때 등에 변화를 붙이기 위해서 사용하면 점점 더 상대의 리시브를 혼란시켜 여간 효과적인 것이 아닙니다. 그러나 옆 회전이 잘 듣는다고 해서 다용하면 역으로 상대의 나이스 리시브를 이끌어서 주도권을 빼앗기는 케이스가 있읍니다. 사용할때는 잘

생각하고 활용하십시오.

이 서브의 요령은 컷 서브(하회전 서브)와 같은 모션이어야 제일입니다. 조금 발끝서기가 되어 오른쪽 허리가 비스듬히 앞으로 나온 자세에서 볼의 중심보다 좌측을 라켓으로 자르는 백핸드의 서브가 중심이 됩니다. 포쪽에서 넣을 때는 그 역이 됩니다만, 어느 쪽이든간에 스냅을 살리는 것이 포인트입니다. 백쪽에서 넣을 때는 왼발을 올리고 서 스윙에 들면, 코스의 콘트롤도 잘 됩니다.

그리고 손목중심의 작은 스윙으로 순간적으로 쳐 넣습니다. 상대에게 차분히 보여져서 옆회전 서브의 넣는 순간에 타이밍이 맞춰진 때에

는 가장 리시브되기 쉬우므로 충분히 주의하십시오. 상대와의 호흡이 맞아 버리지 않도록 상대가 퍼뜩 생각케할 순간을 만들고 넣어가는 것이 중요합니다. 그때문에 '일순의 사이'에 넣는 연습이 필요하게 됩니다. 모션을 작게해서 스냅을 충분히 사용하는 것도 가급적 짧은 순간에 넣는다는 마음가짐이 작용하기 때문이기도 합니다.

리시브는 원칙으로써, 겨냥당하고 얻어 맞는 경우를 제하고, 찌르기로 느리고 작게 돌려보내져오는 경우가 많고, 서브의 바운드가 높아지면 포로 털리거나 스매시 되어서 실패 당하는 케이스가 있읍니다. 쇼트로 푸시해서 돌려 보내지는 수도 있읍니다. 상대에게 치게해서 그것을 되돌리는 롱전에 들기위해 포쪽으로 넣는 경우도 있읍니다. 어느 쪽이든

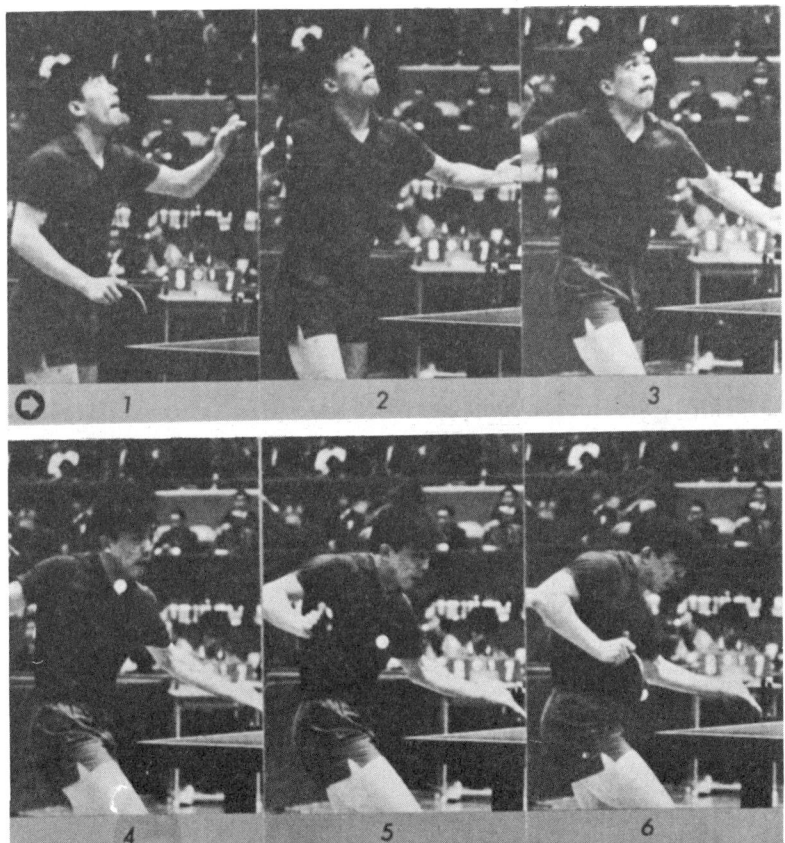

7　　　　　　　　　　8

▲ R선수의 던져올리기 서브
　이것은 상당히 연습하지 않으면 미스 합니다. 타점을 항상 오른쪽 허리의 옆으로 하는 것이 포인트입니다. 그 다음은 ⑥⑦로 너클, 하회전, 옆회전 등을 줍니다. 우선 ①로 왼손을 충분히 위로 올려서 높은 토스를 올리고, 오른어깨를 당겨서 몸을 벌리고, 상대의 눈길을 위로 처들게 하고, 리시브의 턱이 여기서 오르면 다 되는 것입니다. 다음은 미스 않도록 주로 약간 작은 서브로 공격합니다.

이것을 넣을 때는 어떤 반구가 올지 예측하고 넣을 필요가 있읍니다. 마구 넣으면 상대에게 노림만 받게되어 불리하게 되는 수가 있는 서브입니다.

③ 하회전 서브(under spin serve)
　현재 가장 많이 쓰이는 서브이며 누구나 마스터하지 않으면 안되는 서브입니다. 이 서브에서는 높은 바운드가 금물이며 코트에 투바운드할 정도로 낮고 작게 넣는 것이 원칙입니다. 넣는 법은 자세나 모션을 똑같게 하고, 잘 잘린 볼을 겨냥한 곳으로 넣는 것에 유의하지 않으면 안됩니다. 잘 자르려면 볼을 러버면으로 세로로 자르는 것보다, 볼의 밑을 도려내듯 하는 것이 포인트입니다. 라켓을 똑바로 내리면 잘라져도 대위(卓上)에서 바운드가 강해져서 높은 볼이 되기쉬운 결점이 있읍니다. 볼의 밑을 도려내는 기분이라도 실제로는 볼의 경사 아래를 자르고 있는 것으로 바로 밑을 자르는 것은 아닙니다.
　이것을 넣으면 상대는 드라이브나 찌르기로 반구해 오므로, 어느 것이고 이쪽에서 드라이브 전에 갖고 들어가기 쉬우므로 드라이브 주전형의 사람에게는 아주 정당한 서브라 하겠읍니다. 반구는 찌르기로 돌려보내지는 것을 원칙으로 생각하고, 작은 바운드의 잘 잘려진 볼을 넣도록 해주십시오. 상대에게 포로 털리거나 얻어 맞거나 하는 하회전 서브는 나쁜 서브라고 생각해 둡시다.

　더욱 이 서브는 가장 많이 쓰이고 있는만큼 리시브 쪽도 그 반구에 잘 익숙해져 있읍니다. 서브가 잘라져 있다고 해서 이것만 사용말고, 다른 너클성 서브등과 섞어서 사용하도록 합시다. 컷성 서브에서는 상대를 조금이라도 움직이게 할 것, 가령 일보라도 움직이게 해서 제3구 공격에 대해서의 자세를 무너뜨려 두는 배려도 필요합니다.

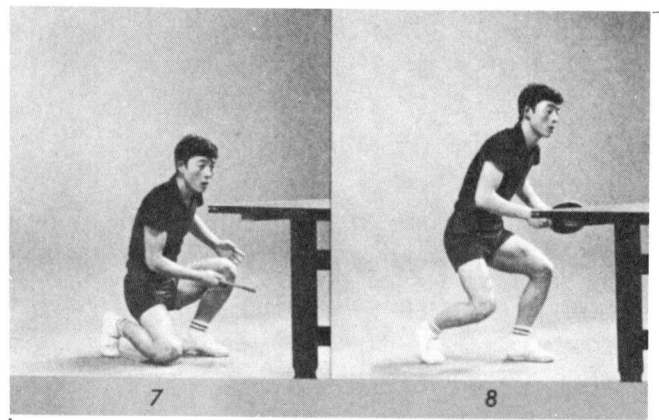

▲ J선수의 엉거주춤한 서브
 이것은 볼을 높이 올려, 상대의 리시브의 자세를 흩뜨리고 나서 너클, 컷, 경사와 자유스런 변화를 붙여서 내보내는 서브입니다. 그러나 ⑤로 엉거주춤해서 칠 때의 타점은 항상 오른어깨 앞으로 일정해 있읍니다. 토스는 반드시 바로 위가 아니고 약간 바로 앞에 당겨 상대를 어떻게 해서든지 흩뜨리는 공격 테크닉 입니다. 서브의 잘리는 맛도 있으며 '여기 한 개'라는 때에 사용하면 유효 합니다.

 이렇게한 서브는 일단 요령을 익히면 숙달이 빠른 것입니다. 집중적으로 반복 연습하는 것으로 마스터됩니다. 혼자서도 할 수 있으므로 틈이 나면은 같은 서브를 반복해서 연습하고, 자연히 몸속에 배어 들게 할 작정으로 노력해 보십시오. 하회전 서브는 어떠한 경우라도 사용할 수 있는 가장 기본적인 것이며, 그 잘리는 맛의 날카로움에 의해서 리시브를 크게 교란케 합니다.

④ 무회전 서브
 너클성의 서브는, 그것 자체로는 조금도 위력있는 서브가 아닙니다. 그러나 컷서브가 잘 잘라져 있거나, 롱서브가 빠른 때등, 다른 서브의 위력이 충분히 있을 때에 무회전이라는 그 정반대의 볼을 넣는 것에 의해서 상대를 현혹하고, 마이 페이스에 갖고 드는 수단으로써 쓰입니다. 또 컷서브의 잘리는 맛을 보다 날카롭게 상대에게 생각케 하거나, 롱서브의 빠름을 보다 빨리 보이기 위한 효과가 있읍니다. 더불어 상대

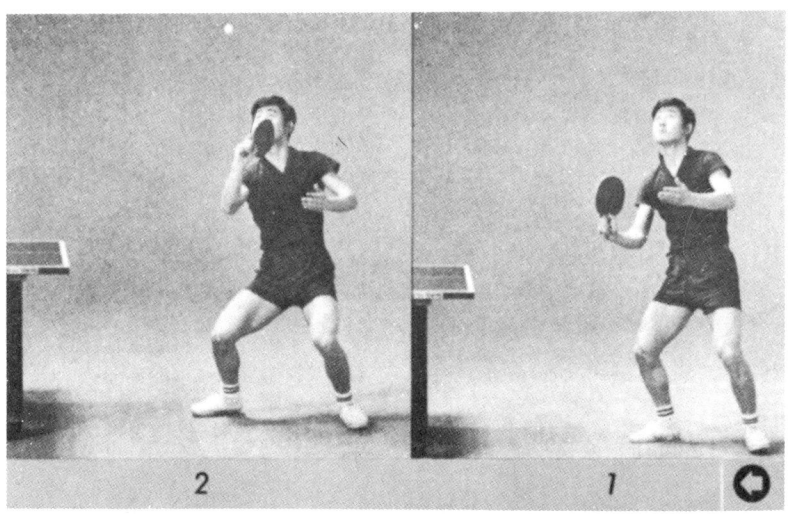

▲ J선수의 트릭 서브
 던져올리기와 엉거주춤을 백쪽에서 하고 있는 것입니다만, 서브 그 것의 잘림보다도 모션의 화려함이나 이상함을 살려서 상대를 어지럽히는 노림입니다. 여기 일발이라든가, 평상심을 흩뜨리든가 하는 포인트로 사용하는 것으로 테그니샨의 전법입니다. 상대가 ③의 타구점만을 확실히 보고 반구해 오면 괴로워집니다.

에게 서브의 종류를 많이 보여서 심리적으로 동요시키는 효과도 있읍니다.

이 서브는, 넣기 전에 상대에게 알려지면 전혀 의미가 없을 뿐아니라, 역으로 여유나 자신을 주어버리는 성질이 있는 것입니다. 그래서 컷성 서브와 전혀 같은 모션으로 넣는 일, 넣은 볼을 봐서만은 컷 되어 있는가, 어떤가를 전혀 알 수 없는 볼이여야 하는 것이 필요합니다. 때로는 넣은 후, 컷한 것 같이 보이기 위해 라켓의 움직임에 오버액션을 붙이는 일도 있는 정도입니다.

⑤ 서브(serve)의 트릭(trick)

서브는, 그 성질을 알고 있어도 날카롭게 잘려져 있기 때문에 되돌리지 못한다든가, 빨리 좋은 코스를 따라오므로 되돌리지 못한다든가, 서브의 위력만으로 밀고가는 케이스가 있읍니다. 중국이 새로운 서브를 잇달아 개발하고, 그 위력으로 공격해 오는 것 등은 그 좋은 예입니다. 그러나 차차로 익숙해지면 리시브되어 버립니다. 그래도 위력만 있으면, 되돌리는 것이 고작이고 그 다음의 플레이가 잘 안된다는 장면을 만들면 되는 것입니다. 이러한 위력있는 서브를 몸에 붙이는 것과, 또 하나는, 한개 한개의 서브는 그 정도가 아니라도 상대에게 긴장이나 혼란을 일으켜 현혹하는 서브를 익히는 것입니다. 이것도 일종의 서브의 위력이라 하겠읍니다. 그러한 서브의 구성으로 시합을 유리하게 끌고 가는 전법이 필요하게 됩니다.

그래서 특수 서브가 연구되고, 던져올린 서브나 웅크려든 서브가 잘 사용됩니다. 볼을 높이 올려서 상대의 시선을 상향시켜 자세를 흐트려 놓고, 떨어져온 볼을 오른쪽 허리의 앞에서 컷해서 넣거나 스핀을 걸거나 하는 것이 던저올린 서브입니다. 이것은 타구점을 항상 오른쪽 허리의 앞으로 갖고오기 위해 토스를 올리는 법이나 치는 법에 상당한 연습이 필요합니다. 토스에 의해서는 이쪽의 허리를 이동시켜서 칠 때도 있고, 확실하게 마스터하지 않은 동안은 도리어 미스를 하는 염려가 있읍니다.

이밖에 탁자밑에 웅크려 들면서 무릎의 용수철을 살려서 잘 잘려진 컷서브를 넣는 웅크려든 서브, 오른어깨를 꾹 넣어서 스트레이트에 넣는 것같은 몸짓을 하고 갑자기 백에 넣는 역모션 서브 등이 있읍니다.

이러한 서브의 트릭은 손목의 강함을 살리는 것이 원칙이 됩니다만, 동시에 서브의 스타트와 피니시는 항상 일정하고, 상대에게 넣은 볼의 성질을 알아 차리지 못하게 하는 것이 중요합니다. 스스로 러버나 그립, 체형, 전형에 맞춰서 서브를 개발하는 것이 필요하게 됩니다. 러버로 말하면 돌기물 높은 러버는 잘라지지 않고, 뒷면 소프트는 잘 잘리어 컷성 서브가 중심이 되고, 앞면 소프트는 허리가 들어간 무거운 서브가 중심이 됩니다.

리시브(receive) 의 기본

위력있는 서브, 현혹시키고 오는 서브. 그러한 각종의 서브를 돌려보내는 리시브(返球)의 기본을 확실히 몸에 붙여두지 않으면 쓸데없이 상대의 페이스에 말려들어 후수후수(後手後手)가 되어서 자기의 장기(長技)를 낼 수도 없이 저버립니다. 기본이 튼튼하게 되어 있으면 모든 서브에 대응이 되고, 자신이 붙어져서 마음껏 좋은 플레이로 리드할 수 있는 것입니다. 게임의 반은 리시브에서 시작하는 것이므로 기본적인 것을 언제나 머리에 넣어 두십시오.

자세의 기본은 코트의 안에서 어디로 볼이 와도 움직일 수 있는 위치에 있는 것입니다. 백쪽보다 포쪽으로 움직이기 쉬운 것이 인간의 특징이므로 코트의 중앙보다 약간 백 가까이에 자세잡는 것이 원칙입니다. 백 컷이 강한 컷맨은 코트의 중앙에 자세잡는 일도 있읍니다만,

원칙은 포쪽을 좀 넓게 비우고, 그러고도 네트가의 작은 볼에도 대응할 수 있는 위치를 찾아내는 것입니다. 리치의 길이, 스텝의 넓이, 그것에 풋워크의 특징 등으로 사람에 의해 자세의 위치에는 다소 차가 있읍니다. 그래서 백쪽이 극단으로 약하다든가, 포쪽이 다루기 어렵다든가 해서, 특수한 위치를 고르는 것은 그다지 좋은 일은 아닙니다. 백쪽이 약하면, 그곳의 리시브만 특히 공들여 연습해서 극복하는데 주안을 두고, 자세잡는 위치로 약점을 커버하는 것은 장래를 위해 좋은 일이 아니라고 생각됩니다.

이어서 볼을 잘 보는 일입니다만, 그 전에 상대의 움직임이나 태도를 잘 관찰하고 어떤 서브를 넣으려고 하는가 미리 감지하는 노력을 해둡니다. 리시브의 마음의 준비로써 서브의 기본은,

① 컷성 서브

②쇼트성의 작은 서브
③롱성 서브

의 세 종류 밖에 없는 것으로 하고, 이 세 종류에 대응할 수 있는 준비를 해 두는 것입니다. 던저올린 서브라도, 옆회전 서브라도 모든 것은 세 종류의 서브의 응용인 것밖에 없읍니다. 상대가 그중에서 어느 것을 고를런지를 알아차리면 간단합니다만, 그것을 몰라도 세 종류의 응용이라고 생각하고 있으면 모든 것의 서브에 대응할 수 있읍니다.

그리고 넣은 서브를 잘 보고, 리시브할 때는 바운드의 정점을 잡고 되돌리도록 항상 주의하는 것입니다. 바운드의 정점은 서브에 따라서 일정하지 않으므로 잘 움직여서 정점을 치는 풋워크가 필요하게 되는 것입니다. 정점을 잡기 위해서는 재빨리 움직이는 것만으로는 늦어지기 쉬우므로 잘 내딛고 치는 즉, 정점보다도 앞에까지 움직여버리는 정

도의 기분으로 움직이면서 마치 정점에 시간을 대는 케이스가 많이 있읍니다.

다음에 볼의 성질에 의해서 라켓의 각도를 정확하게 낼 것. 가령 정점을 잡아도 각도가 틀리면 응당 미스에 이어집니다. 그리고 미트는 강하게 할 것. 중동무이한 미트여서는 상대 볼의 회전에 저버립니다. 대담한 리시브란 잘 내딛고 라켓의 각도를 정하여 강하게 미트하는 일입니다. 4구째 공격을 하기 쉽게 하기 위해서 코스나 바운드를 생각하고 휘두르는 것은 당연한 것입니다. 서브의 특징은 바운드가 낮으며 의표를 찌른 코스에 오는 것입니다. 스피드로 오는가, 잘리기 등의 변화로 오는가…… 의 다름은 있어도, 낮게 의표를 찌른 곳으로 오는 것은 넣기 전부터 알고 있기에, 이것만은 미리 준비하고 어디라도 움직일 수 있는 위치에 자세잡고 정점을 잡아 치는 체세를 만들어 두는 것입니다.

스피드든가 잘리기는 서브의 하나하나에 의해서 달라지므로 응용편에서 연구합니다.

리시브(receive) 의 응용

서브의 종류는 원칙으로써 볼에 맞는 순간의 라켓의 각도에 의해서 어느 정도 분별합니다. 볼의 밑을 러버(rubber)로 자르고 있는 컷성 서브, 볼의 밑에는 대기만 하고, 그 뒤에 자른듯한 모션을 하는 너클성 서브, 볼의 위를 대는 롱성 서브, 그것에 스냅을 살린 드라이브성 서브 등 볼의 어디가 러버에 맞아 있는가 라는 것이 제일의 판단 기준이 됩니다.

볼에 붙어있는 마크에 의해서 분별하는 수도 있읍니다. 마크가 어느 정도 판별될 때는 너클성이든가, 거의 잘라지지 않은 때이며, 마크가 안보일 때는 잘 잘라져 있다고 보면 어느 정도 판별됩니다. 또 바운드 했을 때의 소리를 듣고 분별하는 사람도 있읍니다만, 이것은 경기장의 소음의 차로 분별할 수 없는 수가 있으므로 너무 의지않는 편이 좋습니다.

그보다, 사람에 의해서 서브에 개성이 있으므로 그것을 재빨리 간파

하는 것이 초보중에는 유리합니다. 모션이 전혀 같다고 하더라도 미묘한 차이가 있읍니다. 컷성일 때에는 어깨에 힘이 들어있는 사람, 처음부터 라켓의 각도가 정해져 있는 사람등, 완전히 동일의 모션은 아닐 것입니다. 또 볼의 바운드를 하는 방법에 의해 차가 있는 사람도 있읍니다. 자세잡기 전에 볼을 넣는 코스의 방향을 무심히 보고 있고, 자세잡고는 역코스만 보고 있는 사람등, 여러가지의 특징이 있으므로 아무렇지도 않은듯이 상대의 동작을 관찰하고 있는 것이 중요합니다. 어느

▲ J선수의 컷성 서브의 터는 법

풋워크의 기본을 시험받는 리시브입니다. ②로 우선 오른발을 한 걸음 오른쪽으로 내고, ④⑤에서는 왼발을 신체의 전방에서 크게 교차시켜서 오른쪽으로 내딛고 있읍니다. 그리고나서 오른손을 뻗고, 왼손을 충분히 당겨서 크게 상체를 펴고, 작게 털고, ⑥에서는 오른발도 우로 끌고 갑니다. 보다 멀리 스텝하려면은 왼발을 교차시킬때, 넓적다리를 높이 올려서 스텝하면 멀리 움직여집니다.

한 종류의 서브의 넣는 법만이라도 특징을 파악해버리면 리시브가 퍽 하기쉽게 됩니다. 하나의 버릇, 하나의 특징만이라도 간파해 버리면 벌써 리시브는 반이상 되었다고 해도 좋습니다.

① 컷성(性) 서브의 리시브

컷성 서브는 원칙적으로서 그다지 빠른 볼이 아니므로 대응하기 싶습니다. 코스도 그다지 엄하지 않은 대신에 낮은 바운드에서 잘 잘려져 있는 것이 특징입니다. 어느 정도의 시간적 여유를 주는 서브이므로 되도록 적극적으로 반격해서 공격적 리시브로 하고 싶은 것입니다.

털어서 되돌리는 것을 제일로 생각하고, 가급적 잘 돌아 들어서 스냅이 충분히 쓰여지는 체세를 만듭니다. 이것만 되면은 벌써 반리시브한 것과 같습니다. 다음은 정점을 잡습니다. 이것으로 낮게 빠른 반구가 됩니다. 스냅을 마음껏 잘 살리면 효과있는 리시브가 됩니다. 느리게 되돌리거나 높은 바운드로 되돌리면 필연적으로 코스도 허물어져 버립니다. 상대에게 얻어맞지 않는 코스를 발견하고 충분히 스냅을 살려서 되돌리는 것입니다.

만일 강하게 반격하지 못할 때는, 쇼트컷으로 작게 네트가에 떨어뜨리고, 상대도 강하게 치지못할 것같은 반구로 해 두는 것이 원칙입니다. 이쪽도 아래로 강하게 되받아 친다든가, 사이드 스피드를 건다든가, 너클성의 리시브로 하는 수도 있읍니다만, 전형으로서는 소극적입니다. '털어서 되돌린다'라는 강한 의지로 재빨리 돌아들어 버리는 것이 상대에게 위압감을 주는 좋은 리시브라고 말할 수 있읍니다. 바운드가 높을 때, 코스가 무르고 충분한 체세로 반구될 때는 적극적으로 치고가는 것은 당연합니다. 드라이브가 걸기쉬운 볼이므로, 드라이브 주전형에는 마이페이스에 갖고들기 쉬운 서브이기도 한 것입니다.

② 롱성 서브의 리시브

롱으로 코트 깊이 스피드를 붙이고 공격해 오는 서브와 컷성의 것으로 깊이 코스를 찌르며 공격해 오는 서브의 두 종류로 나눠서 대응을 생각하면, 리시브가 하기 쉬워집니다. 어느 것이고간에 롱성 때문에 컷성의 바운드의 낮고 작은 서브와는 달라서 보다 빨리 크게 움직이는 것이 필요하게 되어집니다.

먼저 스피드를 주체로 드라이브를 걸고 공격해 오는 롱서브의 경우는, 코스에 의해서 포쪽과 백쪽의 두 종류로 나눠서 생각합시다. 포쪽에 드라이브성 서브로 공격되었을 때는, 좌우간 마음껏 포 가까이 움직이고서 라켓을 씌우고 빠른 스윙으로 치는 것이 포인트가 됩니다. 움직임이 중동무이거나 마음껏 하지 못하면 스피드에 눌립니다. 게다가 라켓의 각도가 나오지 않으면 반구가 높아져서 상대에게 찬스볼을 주거나 미스에 이어집니다. 빠른 스윙으로 치지 못하면 이지볼을 되돌리는 것이 됩니다. '마음껏 잘 움직이고 라켓을 씌워 빠른 스윙으로'라는 것이 삼대 요소입니다.

그러나 아무리해도 빨리 치지 못 할 때는, 최저한 상대의 자세의 역코스를 찌를 정도의 여유는 갖고 싶은 것입니다. 백쪽을 롱으로 찔리었을 때도 요령은 같습니다만, 이때는 더 한 수 푸시기미의 쇼트로 코스를 찌르고 되돌리는 방법도 있는 것이므로, 라켓을 충분히 씌워서 반구가 코트에서 나오지 못하게 하는 것과 쇼트의 풋워크를 잊지않고 살리는 것입니다. 어느 경우라도 몸을 뻗는 것만이 수타가 되어 버리면 반구에 위력이 안나옵니다. 잘 움직이는 것은 불가결한 요소가 됩니다 드라이브성의 롱서브를 물렁한 코스로 느리게 되돌리거나 라켓을 쐬우지 않고 높게 반구하면, 리시브로써 실패한 것입니다.

더욱 롱성 서브라도 컷성의 잘린 바운드로 낮고 깊게 공격받을 때가 있읍니다. 이때는 컷성의 잘리기를 잘 보고서 쳐야 합니다. 무회전의 서브를 억지로 드라이브로 되돌리고 아웃이 되어서는 아무것도 안됩니다. 만일 잘려 있다고 간파했을 때는, 충분히 움직여서 자기가 장기로 삼는 강력한 드라이브를 처음부터 마음껏 걸고갑니다. 그러면 리시브의 효과도 오르게 됩니다. 또 잘리는 방법이 확인되거나 너클성이라고 알게 되었을 때는, 그것에 맞춰서 라켓의 각도를 정하여 터는 느낌으로 강타하면 좋습니다. 이러한 경우는 항상 내딛는 것이 중요하며, 수타 (手打)가 되면 미스가 나옵니다.

서브의 잘리는 상태를 충분히 모르거나 내딛는 것이 늦어지거나 해서 드라이브나 털어치기가 안될 때는 컷이든지 롱으로 코스를 찌르고 되돌리는 방법을 잡아야 합니다. 컷일 때는 마음껏 코스를 찌를 뿐만 아니라, 충분히 자르고 되돌리면 상대의 찬스볼이 되기 어렵고, 앞면 소프트의 사람은 쇼트를 사용해서 코스를 찌르면 효과적입니다. 어떻든 코트의 중앙으로 되돌리거나 상대가 기다리고 있는 곳으로 되돌린다면 리시브로써 실패입니다. 반드시 상대의 의표를 찌르는 코스에 깊이 되돌리는 것이 포인트가 되는 것입니다.

③ 포 (fore) 앞의 처리

서브는 컷성의 작은 바운드의 것과 롱성의 깊은 코스의 것으로 크게 구별해서 생각합니다만, 리시브의 연습의 때에는 이 둘의 구질만을 분류해서 마쳐버리면은 불충분합니다. 리시브 연습에서는 코스에 의해서 분류한 연습도 도입하지 않으면 안됩니다. 일단 롱성 서브와 컷성 서브로 대별해서 대충 연습을 마치고, 리시브의 느낌을 잡았으면, 이번은 코스별로 나눠서 더욱더 깊이 리시브를 연습하고 보다 날카로운 리시브로 바꿔갈 필요가 있읍니다.

최초에 포앞으로 온 작은 바운드의 처리에 관해서 연구해 봅시다. 포 앞은 보통, 리시브에서 가장 먼 위치에 있읍니다. 리치가 긴 사람이라

▲ J선수의 컷성 서브·리시브

포쪽으로 온 컷성서브를 ②③④로 충분히 내딛고 잡습니다. 이 내디딤이 좋으면 다음은 편하게 되며, ④⑤로 스냅을 사용해서 충분히 드라이브를 걸고 반구가 됩니다. 다음에 오른발을 당기고 기본자세로 드는 것입니다만, 내디딤의 좋음과, 타구에 체중을 싣고 가는 대담한 드라이브가 겨냥입니다.

도 반드시 스텝하고서 타구하지 않으면 안됩니다. 게다가 그다지 스피드가 없는 서브인데도 스텝이 늦으면 투바운드해서 리시브의 찬스를 놓쳐버리는 케이스도 생기게 됩니다. 이 연습을 계속하면 리시브란, 풋워크 그것이란 것을 잘 알게 될 것입니다. 리시브의 포인트가 풋워크의 호부로 결정되기 때문입니다.

 포 앞의 리시브에서는 당연한 것이나 잘 내딛는 것에 전력을 기울입니다. 그것은 볼의 정점을 겨냥하고 치는 것이므로 어떠한 경우라도 정점을 노리고 잘 내딛어 주십시오. 그것이 되면은 리시브의 반이상 끝난 것이 되며 다음은 어깨나 팔의 힘을 빼고 스냅을 살려 임팩트의 순간에 어깨에서 팔로 팍 힘을 주는 느낌으로 마음껏 스윙을 합니다. 충분히 내디디면 그것이 가능하게 됩니다. 또 조금이라도 빨리 내디딤이 끝나면 이번은 상대의 움직임을 보고 좌우로 분별하는 여유가 생깁니다. 최초는 스트레이트든가 크로스든가 미리 정하고 리시브해도 상관없읍니다만, 차츰 내디딤이 잘 되어지면 여유가 생겨서 상대의 움직임의 역을 찌르고 스윙할 수 있게 됩니다. 리시브의 포인트는 풋워크의 호부인 것이 이 단계에서 더욱더 잘 이해되리라고 생각합니다.

 그런데 이러한 리시브를 기초로 해서 이것이 쓰이지 못할 때, 가령 내디딤이 늦거나 정점을 놓치거나 바운드가 너무 낮아서 털 수 없을 때 등에는 상대의 백으로 흘리며 가는 리시브를 사용하거나 찌르기로 되돌리거나 합니다. 백으로 흘릴 때는 스냅에만 의존말고 몸을 밀어내는 느낌으로 상체를 스트레이트의 방향에 돌려서 치는 것이 필요합니다. 찌르기로 되돌릴 때는 반드시 네트가로 작게 떨어뜨리는 것이 원칙으로 됩니다.

④ 백(back) 앞의 처리
 포 앞에 작게 떨어진 서브에 비해서, 백쪽에 작게 떨어진 서브에 대해서는 백 핸드로 털어 뽑아내는 것이 가장 효과적인 리시브가 됩니다. 그러기 위해서는 오른발을 잘 내딛고 어깨를 넣으며 팔을 뻗은 다음에 스냅을 사용, 날카롭고 작게 휘두르는 것이 포인트가 됩니다. 볼의 정점을 겨냥하고 라켓의 각도는 처음에는 상향입니다만, 털었을 때에는 아래로 누르게끔 합니다. 이때의 라켓의 각도가 중요합니다. 이 리시브는 빨리 반구하는 것이 제일이며 상대가 충분한 체세를 잡지 못

하는 사이에 되돌리면 서브의 반구는 짧아져서 돌아옵니다. 그러므로 리시브한 볼에 스피드만 있으면 효과는 크므로 한 장 러버나 앞면 소프트의 선수가 자주 사용하고 있읍니다. 백 핸드로 털지못할 때는 포로 돌아들어서 터는 방법을 취합니다. 이때는 왼쪽 사이드로 대담하게 움직이고, 충분히 내딛고나서가 아니면 좋은 리시브는 안됩니다. 내디딤 부족으로 몸앞서 리시브 하면, 도리어 찬스볼을 돌리고 이쪽의 포 사이드가 텅 비어 있음으로 제 3 구째 공격으로 포를 찔립니다. 따라서 충분한 돌아듦과 강하게 털고 빠른 공을 돌려 상대에게 3구째 공격을 할 수 없도록 해 버립니다. 이른바 공격적 리시브며, 백쪽에 크로스로 털 때는 사이드를 자를만큼 예각적으로 공격해 들어가는 리시브를 보다 효과적으로 하기위해 랠리(rally)의 때에 간혹 낮은 스트레이트를 포쪽으로 쳐 두고, 준비를 하는 일도 있읍니다. 또한 돌아들어서 반구할 수 없을 때는 부득이 찌르기로 돌려보냅니다. 이때는 네트가에 똑 작게 떨어뜨립니다만, 상대에게 3구째 공격을 시키지 않기 위해 날카롭게 볼을 잘라두든가 네트에 거의 스칠 정도로 빠른 찌르기로 되돌리는 것이 흔히 하는 수단입니다. 때로는 사이드 회전을 주어서 변화를 보입니다만, 3구째 공격을 시키지 않는 것을 머리에 넣은 리시브를 연구해 봅시다.

⑤ 백(back) 쪽의 깊은 서브의 처리

백쪽에 깊은 서브로 공격받은 경우는 롱성 서브의 리시브나 컷성 서브의 리시브의 곳에서 대충 연습하고 있음으로, 포 핸드로 되돌리는 방법은 거의 되어 있으리라고 생각합니다. 그러나 여기서 더 한 번, 그러한 서브를 넣게해서 백 핸드로 터는 연습을 해 둘 필요가 있읍니다. 오른발을 앞으로, 어깨를 넣고 볼의 올라오는 곳을 힘세게 스윙해서 되돌리는 방법으로 스트레이트와 크로스의 양쪽 방향에 되돌리도록 연습해 주십시오. 이 경우 특히 크로스로 상대의 백에 돌리면 상대가 그것을 기다리고 있는 케이스가 종종 있읍니다. 보다 위력있는 공으로

백을 공격하지 않으면 역효과를 내는 수도 많은 것입니다.
 또, 푸시성의 쇼트, 스톱성의 쇼트로 리시브하고 가는 것도 연구해 둡시다. 이중에서 가장 득의로 하는 리시브를 우선 하나 만들고 더욱 더 하나씩 확실한 리시브법을 늘려 나가면은 실전에서 활용할 수 있는 상당한 종류의 리시브가 몸에 붙어올 것입니다.

⑥ 컷 서브(cut serve)의 리시브
 컷맨과 대전 할때 등, 느닷없이 컷서브로 공격해 오는 수가 있읍니다. 이 컷서브는 돌아들어서 강타로 공격해가는 것이 제일 좋은 것입니다 만, 외국에서는 백 핸드로 리시브해 오는 선수가 상당히 많이 있읍니다. 찌르기에 강한 사람의 서브이므로, 이쪽은 찌르기에 갖고드는 것을 싫어하고 득의의 공격적 전법으로 옮겨가기 위해 리시브에서 강타로 밀고가는 것이 최선입니다. 만일 찌르기라면, 빠른 공으로 낮게 양 사이드로 나눠서 예각적으로 강하게 자르는 리시브로 가는 것이 중요합니다. 평범하게 찌르기로 되돌리면 상대의 페이스에 말려듭니다. 바운드의 직후를 겨냥하고 손목을 써서 날카롭게 자르면 좋습니다.

제3장
장기(長技)를 만들자

연습의 진행법

연습은 시합처럼 시합은 연습처럼——이라고 자주 말들 합니다. 이것은 집중력이 부족하고 매너리화(化) 되기쉬운 연습을 경고하며 긴장감에 젖어서 평상심을 잃기쉬운 시합을 하지 말도록 하는 의미입니다. 탁구의 목적은 시합에서 이기는 것이 아닙니다. 시합에서 이기는 것은 다만 연습을 하는 목표에 불과합니다. 가장 많이 탁구를 하고 있는 시간이라면 그것은 연습입니다. 따라서 연습중이야말로 가장 큰 의미를 찾아내지 않으면 참다운 탁구 애호가라고는 말할 수 없을 것입니다. 연습의 성과는 연습시간에 비례해서 나타난다고는 말할 수 없습니다. 어떻게 내용있는 연습을 얼마만큼 많이 할 수 있는가에 달려 있읍니다.

그래서 좋은 연습을 하려면, 우선
① 목표를 가질 것.
② 집중력을 갖고 할 것.

▲ 룰을 지키고 예의바른 마음을 갖는 것에서 모든 스포츠가 시작한다

③ 무엇을 강화하는가 과제를 명확하게 파악할 것 —— 등이 중요합니다. 자기의 신체나 정신력에 알맞은 전형(戰型)을 생각하고, 그것에 맞춰서 어디를 어떻게 강화해 가느냐, 스스로 생각하면서 맞붙이는 것입니다. 선생이나 친구의 조언을 솔직하게 받아들이는 여유도 가졌으면 합니다. 나의 체험으로는 가장 효과있는 연습은 시합이였읍니다. 기본연습이 대충 끝나면, 시합에 나가서 상대와 승부하는 가운데 많은 것을 배우고 그것을 연습하는 중에 반복하고 반복하며 연습하고, 또 시합에서 시험하고 갑니다. 그 반복속에서 뻗어가는 것입니다.

탁구용(卓球用) 트레이닝

십년쯤 전까지 한국의 탁구계에서는 트레이닝 연습이 그다지 중시되지 않고 오로지 볼을 되받아 치는 연습이 중심이었읍니다. 그 당시의 트레이닝에는 러닝이나 유연체조, 몸짓 등이 도입된 것에 불과하고 볼을 되받아 치는 것에 열중하던 시대가 오래 계속 되었읍니다.

그러나 지금은 볼을 치고있는 것만으로는 충분한 연습이라고는 말할

바피에서는 완전히 발을 뻗고, 또 완전히 서는 정중함이 요구됩니다.

수 없읍니다. 트레이너가 쇠아령을 갖고 다니며 파워업을 재거나 러닝을 빼지 않고 계속하는 것도 랠리(rally)의 응수만으로는 안되는 연습이 있다고 알아차렸기 때문입니다. 그것은 기초 체력을 만드는 것을 목표로 한 것으로, 한창 뻗어가는 청년기에 자연에 맡겨서 성장하고 있어서는 너무 늦다는 초조도 약간 있었읍니다. 어쨌든 파워를 붙여서 보다 강력한 스매시를 치려고 생각하거나, 보다 빨리 움직여서 좋은 위치에서 타구하려고 생각했기 때문입니다. '언제까지 싸워도 지치지 않는다'라는 체력도 가지고 싶었읍니다.

중국에서는 이렇게 한 기초 체력 만들기를 중시하고 여러가지의 트레이닝을 도입하고 있읍니다만, 그것에 실패하면 역으로 근육을 아프게 해서 역효과가 되는 일이 있읍니다. 볼을 되받아치며 탁구에 익숙해지는 것은 가장 중요합니다만, 자기의 장점을 신장시키거나, 위크 포인트를 극복하기 위해서도 꼭 트레이닝을 매일 규칙 바르게 행하도록 유의하십시오.

① 체력의 조절

　탁구 선수는 스태미너가 필요함과 동시에 순발력이 요구됩니다. 스태미너란 것은 언제까지 싸워도 녹초가 되지 않는 체력을 말합니다. 이것만을 신장시키기 위해서는 마라톤등 장거리 달리기를 계속하면 상당히 도움이 됩니다. 그러나 마라톤만 하고 있으면 신체의 지방 등이 떨어져서 야위고 다리와 허리의 근육만 붙어서, 팔이나 어깨에 힘이 붙지 않습니다. 팔이나 어깨, 그리고 다리와 허리의 힘을 살린 순간적인 폭발력도 붙이고 싶은 것입니다. 그러기 위해서는 장거리 달리기등 체력을 소모하는 연습보다 단거리를 전력으로 달리고는 쉬는 대시(注力) 등이 효과가 있읍니다.
　순발력과 스태미너라는 둘을 요구하는 탁구에서는 러닝의 방법 하나를 취하더라도 잘 생각해서 행하지 않으면 실패합니다. 러닝을 행할때는 반드시 수 킬로를 너무 스피드를 내지말고 달려 다리와 허리의 근육을 붙일 작정으로 몰두하는 것이 필요합니다. 그밖에 대시를 몇 번 넣고 순간적인 스피드나 파워가 붙도록 합니다. 이것은 심폐기능(心肺機能)의 향상을 목표로 하므로, 러닝은 모든 스포츠의 기본이 되는만큼

◀서서하는 팔씨름으로 순발력 양성

절대 뺄 수 없는 트레이닝입니다. 된다면은 포장도로나 혼잡한 좁은 도로가 아니고, 흙이 있는 구불구불 구부러진 언덕길을 찾아서 매일 빠지 말고 계속하면 좋습니다.

이것만이라도 연습하지 않는 사람과는 현격한 차가 붙는 것입니다.

② 보강 운동(補强運動)

몸의 상태를 조절하는 외에 신체의 여러 근육을 강화하고 스윙에 파워와 스태미너를 붙여 밸런스가 잡힌 몸을 만들려는 선수는 여러가지의 트레이닝을 행합니다. 탁구에서 가장 일반적인 것은 손목이나 완력의 강화를 위해 쇠아령, 바벨(역기)을 사용한 트레이닝. 1분간 80～100회의 엎드려 팔굽혀 펴기, 사이다병에 모래를 넣어서 쥐고 손목을 흔들거나 목욕탕 속에서 스냅을 되풀이하는 방법 등 각자가 시간과 장소를 생각해서 여러가지의 방법으로 행하고 있읍니다. 배의 힘살이나 등줄기(등골)의 강화를 위해 발목을 고정하고 상체를 일으키는 트레이닝, 발의 근육을 붙이기 위해 그 자리에서의 넓적다리 올리기의 되풀이등도 일반적입니다. 중국에서는 바벨을 메고 섰다 앉았다 하는 스쿼트, 선 채 들어올리는 스탠딩프레스등 용기를 한 벌씩 갖추고 본격적인 체력 만들기에 힘쓰고 있읍니다.

▶발끝(발부리) 서기로 상하이동을 해보자

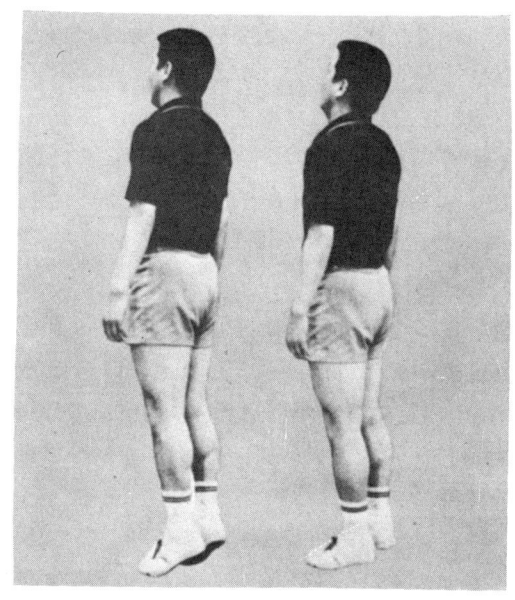

 이러한 보강 트레이닝은 실행하는 강한 의지와 무엇을 강화하느냐의 분명한 목적이 없으면 오래 계속 못합니다. 각자의 환경안에서 시간과 장소에 합치한 방법을 생각하고 보강 트레이닝을 계속 했으면 합니다.

③ 기술의 보강 플레이

 연습은 코트에서 대전할 때만이 아니고 체력의 트레이닝도 소중한 요소가 됩니다. 이밖에 이미지 트레이닝이라 해서 두뇌적인 플레이도 필요합니다. 가령 전차나 버스에 타면서 밖의 전주를 하나 하나 재빨리 보고 움직이고 있는 것을 보는 힘—— 동체시력(動体視力)을 향상시키거나 가죽 손잡이를 잡지 않고 서서 밸런스를 잡는 법을 배우거나 하는 것도 트레이닝에 연계됩니다. 다른 사람의 라켓이나 러버를 부탁해서 보거나 그립의 가르침을 받고 그 사람의 체형이나 손의 특징과 그립, 라켓의 관계 또 그것에 의해서 생기는 타구나 전형의 특징등을 연구해 두는 것도 트레이닝의 방법입니다. 그 게임은 어째서 그와 같은 결과가 되었는가를 이해하려고 하는 것도 또 트레이닝의 하나입니다. 남의 시합을 보거나 연습법이나 자세를 본다. 이른바 '보는 연습' (보는 것이 연습이 되어있음)도 필요하게 됩니다.

 좌우간 탁구는 잘 생각하는 것부터 스타트하고 있으므로, 생각하는

◀충분히 잠겨 든 엎드려 팔굽히기

◀배근육이 강화되도록 버팁시다

습관을 붙였으면 합니다. 단지 생각하는 동안에 나는 그사람과 같은 몸이 아니니 숙달 않는다 —— 라는 생각에 빠져 들었다고 하면, 그것은 잘못이므로 생각을 고쳐야 합니다. 나처럼 키가 작고 리치도 짧고 러닝도 잘하지 못했던 때부터 탁구를 시작해서 세계 챔피언이 된 예도 있는 것처럼 노력에 의해서 거의 모든 것이 개선된다는 생각을 세우고 견디며 분발하길 바랍니다.

포(fore)의 연습

① 랠리(rally)의 계속하는 법

포 핸드(fore hand)의 연습은 가장 많이 행해지는 것으로 누구나가 최대의 무기로써 연마하고 있읍니다. 전진 속공형이라도 드라이브 주전형이라도 최대의 장기로, 가장 안정하며, 가장 위력있는 공을 칠 수 있는 것이 포 핸드이므로 충분히 닦아놓고 싶은 것입니다.

초심자의 경우, 최초는 볼을 치기 전에 새도우플레이라고 말해서 몸짓을 몇 번이고, 몇 일이고 계속하는 것부터 시작하면 숙달이 빨리 됩니다. 이것은 개인적인 연습이 되는 것이며 일정한 폼을 굳히기 위한

효과도 있읍니다. 라켓을 휘두를 때마다 스윙이 달라져 있거나, 몸의 움직임이 달라져 있어서는 가끔 나이스 볼이 들어와도 미스하는 편이 많고 숙달도 늦어지는 것입니다. 탁구의 경우, 자기의 뜻에 반하는 곳에, 뜻에 반하는 모양으로 날라오는 볼을 치는 것이므로 생각한 곳에, 생각대로 온 볼이 완전히 정확하게 쳐지지 않는 상태여서는 말이 안됩니다. 우선 그때문에 스탠스를 정하고, 자세를 바르게 정하며, 타구점을 오른쪽 허리의 앞으로 정해서 머리 속으로 공의 가는 길(球過)을 여러 모로 생각하면서 몸짓을 하며, 폼 굳힘을 하십시오. 이것으로 어느 정도 언제라도 같은 폼으로 휘두를 수 있게 되면은 실지로 쳐 봅니다. 그러나, 잊지 않고 하고 싶은 것은 언제까지나 몸짓하는 습관을 붙여주었으면 합니다. 세계 챔피언이라도 국가 챔피언이라도 반드시 몸짓의 연습은 하고 있읍니다. 몸짓은 러닝과 함께 연습의 제 1 보이기도 하며 골이이기도 하다고 생각합니다.

 포의 폼이 어느 정도 일정하게 되면 다음에는 정확한 폼으로 치는 것을 연습합니다. 크로스에 볼을 되받아 치며, 천천히 겨냥한 곳에 몇 개고 계속해서 넣는 연습을 합니다. 천 개 노미스의 랠리(rally), 이천 개 노미스의 랠리라는 것은 국가팀의 강화합숙에서도 자주 행해지고 있읍니다. 그러기 위해서는 종종걸음으로 움직여서 타구점을 반드시 오른쪽 허리 앞의 일정한 곳에 정하고 같은 폼으로 겨냥한 곳으로 같은 스피드로 되돌리는 것이 요구됩니다. 또, 플레이 중에 딴 것을 생각하고 있거나 막연히 치고 있어서는 미스의 원인이 되므로 이 연습은 집중력의 양성에도 이어집니다.

 이러한 정확하며 바른 랠리의 응수를 하고 있는 동안에 타구감이 몸에 붙고 동시에 볼의 마음을 잡는 것같은 기가 듭니다. 러버에 맞은 순

간의 감촉으로 상대의 볼의 위력을 알거나 러버의 닿는 장소나 그 반발한 느낌으로 자기의 상태의 좋고 나쁨도 알게 될 때가 옵니다. 더욱더는 천후의 좋고 나쁨에 의한 러버의 반발력등 미묘한 차이에 대한 감각도 생겨납니다.

  초심자의 동안은 스윙에 사용하는 근육이 미발달로 인해 여기저기에 통증을 느끼거나 나른함을 느끼거나 합니다. 때로는 왼손이 거추장스럽다, 버리고 싶다──라고 생각하는 사람도 있읍니다. 이럴때는 필요한 근육을 강화하기 위해 몸짓이나 랠리를 막 하십시오. 또 신체의 일부가 무용한 느낌을 받으면, 그것은 밸런스가 기운 스윙이므로 코치에게 보이고 고치는 것이 필요합니다. 또 대전하고 있는 동안에, 이 정도 가감하면 이런 스피드가 된다. 이 위치에서 치면 이런 바운드가 된다. 움직이지 않고 수타가 되면 이런 볼이 된다는 등 친 볼의 뛰는 것에도 주의를 하게 되어 볼의 콘트롤이 몸에 붙어옵니다.

  다음에 볼을 라켓에 대기까지 잘 보는 습관을 붙이십시오. 대부분의 초심자는 몸앞 50센티 정도의 곳까지밖에 볼을 보지 않읍니다. 제일 중요한 미트의 순간은 '감'을 의뢰하고 치고 있읍니다. 목을 흔들고 러버에 닿는 그 순간까지 볼을 보는 버릇을 붙이면, 바운드의 때부터의 튀는 상태가 잘 알아집니다. 그동안 볼은 정직한 것이여서 타자의 마음 여하로 아무렇게나 반응하는 것을 알며, 볼의 기분을 알 것같은 기가 되어오는 때가 있읍니다.

이렇게 해서 가장 치기 쉬운 크로스 치기를 어느 정도 해 나갔으면, 다음에 스트레이트로 같은 짓을 행하여, 스트레이트치기의 폼을 굳힙니다. 숙달하게 되면, 포, 백, 스매시, 드라이브 등을 번갈아 분간해 쓰면서 치는 연습을 잡아들입니다. 이때도 반드시 새도우플레이로 몸짓을 하고, 포 (fore), 백 (back) , 스매시 (smash) , 드라이브(drive) 등이 무리없이 연계해서 플레이 할 수 있게 하고 나서 시작합니다. 어떠한 경우라도, 느닷없이 시작하지 말고 어느 정도 몸짓으로 '연습의 연습'을 마치고 나서 시작하면 효과가 있습니다.

 랠리의 연습에서는, 일정한 개소를 코트 위에 정하고 그 속에 들게 치거나, 전진에서 대전하거나, 중진에서 대전하거나, 쇼트에 대해서 연속해서 랠리를 당기는 연습을 하는 등, 비교적 단조로우며 싫증나기 쉬운 플레이로 변화를 붙여가는 궁리도 필요할 것입니다. 항상 연습하면서, 자신에게 과제를 안겨주며, 오늘은 이것을 마스터한다 라는 목표를 갖고 하면 숙달이 빨리 됩니다.

② 강렬함을 증가시키기 위해서

 랠리가 안정되어 들게 되면, 이번은 포핸드의 스매시나 강타의 연습을 시작하고 공격의 무기를 닦는 일이 됩니다. 백 핸드나 쇼트 등의 수비적인 플레이의 연습도 필요합니다만, 어쨌든 수비만하고, 공격하지 않으면 이길 수 없으므로 공격의 주무기로 되는 강타나 스매시를 닦아놓지 않으면 승리에는 이어지지 않습니다.

 최근, 국내에서도 폭발적인 강력 스매시를 지닌 선수가 적어졌읍니다. 그것은 랠리의 응수나 서브의 변화, 리시브의 연습이라는 플레이를 중심으로 연습하고 있기 때문이며, 이것은 스매시나 강타의 경시에 이어집니다. 역대의 세계 챔피언의 대부분은 강력한 아타크의 힘을 갖고, 그 일발로 상대를 훌륭하게 패퇴시키는 위력을 갖고 있었읍니다. 경타나 연계의 플레이와 함께 스매시의 중요함을 잊지 말고, 상대를 위압하는 박력을 몸에 붙이십시오.

 이 연습이라도 사전에 새도우플레이를 도입하면 효과가 있습니다. 빠른 볼을 치기 위해서는 파워가 있고 스윙이 빠르지 않으면 안되는 것입니다. 그때문에 보강 운동으로 완력의 파워업을 닦거나 내딛고 전신을 사용해서 치는 연습을 하는등, 여러가지의 케이스를 이미지 하면서 연습해 둡니다.
 이어서, 어느 정도의 강타나 스매시의 이미지가 몸에 붙은 상태에서 볼을 많이 사용하여 스매시의 연습부터 시작합니다. 상대에게 바운드의 높은 찬스볼을 넣게해서, 이것을 강타하는 연습입니다. 처음은 너무 높은 바운드가 아니고 적당한 바운드의 절호구(絶好球)를 포에 넣게해서, 내딛고 강타하는 것부터 시작합니다. 다음에 백쪽으로 넣게해서 돌아들어서는 스매시를 행하고, 점점 익숙해지면 이쪽이 중진으로 물러서서 어느 정도 높은 바운드의 공을 치며, 최후에 후진으로 물러나서는 앞으로 나와 호형의 큰 바운드의 볼을 스매시하는 연습까지 행합니다.
 여기서는 강타와 스매시를 익혀두는 것이므로, 랠리가 계속할 것 같은 정도의 맞음으로는 아무것도 안됩니다. 상대에게는 바구니속에 가득 볼을 넣어두고, 일구 일구 찬스볼을 넣게해서 그것을 정하고 가는 연습입니다. 치기 전부터 어깨나 손목에 힘이 들어있으면 스윙이 딱딱해져 스피드가 안나오므로, 타구에 박력이 없읍니다. 팔만의 스윙이라도 똑같으며, 허리를 사용하여 몸전체의 파워를 살려서 맞는 순간에 팍 힘을 주고 칩니다. 이때도 라켓에 맞은 타구감으로 스윙의 좋고 나쁨이나 타구의 위력을 알 수가 있읍니다.
 강타나 스매시는 맨 처음 가장 치기 쉬운 코스에 치고듭니다만, 익숙해지면 포와 스트레이트, 크로스와 백크로스를 이렇게 분별하는 연습

을 해 주십시오. 상대의 역을 찌르거나 상대가 없는 곳에 스매시 하는 것이 제일 효과적이므로 코트내의 어디라도 분별할 수 있게 하고 싶은 것입니다. 이 강타나 스매시의 위력이 증가하면, 일발로 상대의 수비를 뚫을 수 있는 데다가 상대에게 위협을 느끼게 하고 위압감을 주는 데에 효과가 있게 됩니다. 조금이라도 볼이 뜨면 내던진다 라는 위압감을 주는 것입니다.

뒤이어서 연속 스매시의 연습으로 강렬함을 몸에 붙입니다. 몇 번이고 계속해서 스매시하는 것이므로, 도중에 쉬거나 한숨 돌리고나서 치는 것이 아니고, 자꾸 찬스볼을 넣게해서 계속 치는 것입니다. 이러한 연습을 하면은 자연히 스매시의 폼을 몸으로 완전히 익히는 데에 도움이 되고, 찬스볼이 오면 반사적으로 쳐 버리는 버릇이 붙게 됩니다. 찬스볼의 놓침은 승리를 포기하는 것이나 마찬가지며, 절대로 금물입니다. 볼이 올랐으면 즉각 친다는 것을 반사적으로 익혀 버리고 더욱더, 그 일발에 굉장한 박력을 붙이기 위해 노력해 보십시오. 찬스볼을 하기까지의 노력은 늘 행해집니다만, 그 뒤의 강타나 스매시로 결정타를 먹이는 힘이 없어서는 아무것도 안됩니다. 우선 결정타를 먹일 것, 즉 가장 치기쉬운 상태의 볼을 완전하게 칠 수 있게 해 두고나서, 딴 연습에 들어가도 늦지않은 것입니다. 이기기 위한 최저의 조건인 강타의 연습을 통해서 다른 사람보다 박력있는 아타크 힘을 몸에 붙입시다.

③ 드라이브를 연마하기 위해서

랠리가 계속되게 되고 스매시가 쳐지게 되면은 다음에는 드라이브의 연습에 듭니다. 앞면 소프트의 전진 공격형 선수 등, 그다지 드라이브를 사용않는 타입의 사람이 있읍니다만, 그러한 사람은 드라이브에 타이밍을 맞춰서 치는 연습을 해둡시다.

그런데 드라이브는 볼의 회전력으로 상대 코트에 튀고나서 쭉 뻗는 박력있는 볼입니다. 회전력이 있으면 있을수록 튀고나서의 뻗음이 크고 강하게 됩니다. 이 드라이브 볼은 공격적인 볼인 동시에 연계의 볼로서 수비적인 요소도 갖고 있습니다. 드라이브는 또, 콘트롤 하기쉽고 미스가 적으며 안정되게 들어간다는 특징도 있읍니다. 익숙해지면 치기 쉽고 미스가 적으며 그리고도 공격적이라는 잇점이 많기 때문에 아무리해도 드라이브 중심의 랠리가 되기 쉽습니다.

'드라이브의 연습은 드라이브맨과 연습하면 효과가 오른다' 라는 것이 상식입니다. 서로 꼼꼼히 드라이브를 번갈아 걸고가면 자연히 드라이브하는 찬스가 많아져서 위력이 붙습니다.

드라이브는 포스윙만이 아니고 스냅을 살려서 볼을 비벼 올리고 회전력을 붙입니다. 이때문에 타구점은 정점에서 조금 처진 곳이 됩니다. 허리의 위치라든가, 그것보다 내린 곳에서 치면 처음에는 드라이브가 걸리기 쉽게 됩니다. 처음에는 무릎을 구부리고 웅크리고 앉아 낮은 위치에서 비벼올리듯해서 상대 코트에 들어간 볼의 바운드가 다소 높더라도 그다지 상관말고 볼에 회전력을 붙이는 연습을 해보십시오. 회전을 주려면은 스냅을 살리는 것이며, 그러기 위해서는 볼의 스피드가 떨어진 곳, 느슨한 곳이 마치 치기 좋은 곳이 되는 것입니다. 그러므로 중진쯤 물러서서 바운드가 낮아진 곳을 잡고 드라이브를 거는 것입니다.

중·후진에서 건 드라이브는 역시 상대도 중·후진에 물러나 치는 것이 가장 치기쉬운 방법입니다. 그 까닭은 전진해서는 드라이브가 걸려 볼이 쑥 뻗어오고 기세가 있어 치기 사나운 점이 있기 때문입니다. 뒤로 물러나 있으면, 그 드라이브성(性)도 조금씩 쇠퇴해서 평범한 직구(直球)가 되고 어느 정도 안정된 상태로 날아옵니다. 거기를 잡고 또 드라이브를 걸어서 되돌리는 것입니다. 드라이브에는 드라이브로 되돌려라, 란 것이 제일 돌리기 쉬운 방법입니다. 따라서 드라이브형 끼리

로는 아무리해도 드라이브 접전이 됩니다.
 이 접전을 이겨내기 위해서는 어깨의 근육을 강화하거나 팔의 힘을 강하게 하는 것도 중요한 요인입니다. 스냅 힘의 강화와 함께 이러한 보강 운동도 도입합시다. 드라이브를 걸 때는 무거운 라켓을 사용하는 것도 하나의 고안입니다. 무거운 라켓으로 스냅을 걸면 회전력이 많이 붙어서 드라이브의 위력이 증가함과 동시에 근육 상승도 되기 때문입니다. 그리고 일단 드라이브의 요령을 체득하면, 높은 바운드의 곳이라도,또 작은 바운드의 볼이라도 또 컷된 볼이라도, 드라이브가 걸리도록 여러가지의 볼을 넣게 해서, 그것에 드라이브를 걸어서 공격해 가는 연습을 합니다. 또 강타를 드라이브로 되돌려가는 연습도 보태십시오. 쇼트를 드라이브로 돌린다든가,드라이브는 모든 볼을 반격하는 것에 유

효한 타법입니다. 그러나 코스를 정하거나, 미스가 적고 안정해서 잘 들며 그 위에 공격적인 위력을 상대 코트로 발휘합니다. 드라이브는 볼을 비벼올려서 치기때문에 타점을 낮게 떨어뜨리고 칠 수가 있는 것이므로, 타점이 낮다는 것은 이미 상대의 볼의 위력이 없어져서는 안정된 치기쉬운 상태로 되어 있으며, 뒤로 물러나 있으므로 시간적으로도 치는 쪽에 여유가 있고 풋워크만 있으면 볼에 쫓아 붙어서 자기의 페이스로 칠 수 있다는 잇점도 있읍니다. 수비와 공격의 양법을 겸하고 스매시까지의 연계의 플레이로써 찬스를 엿보는 절호의 볼입니다.

반면 이 드라이브를 다용하면 승산이 늦어지고 스태미너 파워를 많이 필요로 해서 찬스볼이라도 치기가 늦어지거나 타구가 좌우로 분산하지 않거나, 전후의 흔듦이 적어지는 등, 드라이브에 너무 의지한 탓으로 마이너스도 나타나게 됩니다. 드라이브로 쳐 뚫는다는 전법도 있읍니다만, 드라이브는 원칙으로서 상대에게 막힌 상태로 반구시켜 그 찬스볼을 스매시로 쳐 뚫고 포인트하는 것이 됩니다. 따라서 드라이브의 다음에는 반드시 스매시로 쳐 뚫는 연습이 필요합니다. 드라이브의 다음의 스매시, 이 연계 플레이를 생각하고 드라이브 연습을 해 주십시오. 드라이브·엔드·스매시 라는 연계를 잊지 말도록 하면 드라이브의 위력은 한층 오릅니다.

풋워크의 연습

풋워크는 모든 스포츠의 근본입니다만, 탁구에서는 우리나라식(式) 풋워크가 세계에서 가장 훌륭한 풋워크라고 운위되고 있읍니다. 이것은 드라이브 전법이 많이 도입된 결과, 풋워크가 그것에 불가결한 아니 그것이 없어서는 효과가 나지않는 근간이 되기 때문입니다.

이 연습은 탁구중에서 가장 격심하게 고통을 동반하는 연습으로 스태미너 기력의 양성에도 연계되는 격렬한 것입니다. 시합에 이기기 위해, 일류가 되기 위해, 혹은 숙달을 목적하는 등, 어느 목표를 갖고있지 않으면 견디기 어려운 연습이기도 합니다. 또 청년기에 가장 숙달하기 쉬우며, 장년기 이후가 되면 조금 체력이 따르지 않아서 충분히 할 수 없는 연습이기도 합니다. 젊음을 자랑하는 시대인만큼 철저하게

할 수 있는 풋워크의 연습을 시작해 봅시다.

① 규칙적인 볼(ball)의 반구(返球)

  기본적인 것은 볼이 저쪽에서 자기의 곳으로 오는 것을 기다리다가 친다, 라는 관념을 버리는 것입니다. 랠리의 연습이나 스매시의 연습 등에서는 상대가 어느 정도 치기쉬운 곳으로 보내준 볼을 치고 있었던 것입니다. 이른바 연습을 위한 연습, 실지 연습을 시작하기 위한 예비적 연습이였던 것입니다. 그런데 시합에서는 상대가 일부러 치기 사나운 곳에 볼을 돌려옵니다. 그러므로 이쪽에서 거기까지 움직이고 가서 되돌리지 않으면 안됩니다. 롱타법 하나를 봐도 볼은 오른쪽 허리의 앞의 일개소가 가장 안정하여 치기쉬운 타구점입니다. 거기에 볼이 저쪽에서 와주지 않으므로 이쪽이 몸을 이동시켜서 타구점을 일정하게 하도록 작용하기 시작하는 것입니다. 움직여서 타구점을 항상 오른쪽 허리앞의 일정한 한 곳으로 해서 친다—— 라는 기본을 몸에 붙이는 연습을 행하는 것이 좋습니다. 그러기 위해서는 랠리의 응수의 때라도 항상 손이 닿는다고 해서 서있지 말고 종종걸음으로 움직여서 타구점을 일정하게 하고, 스윙을 똑같이 해서 치는 습관을 붙여두는 것이 필

요합니다.

그리고 처음에는 쇼트로 돌리게끔 하는 것부터 시작해 봅시다. 상대의 백의 일정한 곳에 확실하게 반격하고, 그것을 포·백하며 규칙적으로 쇼트로 돌리게 하는 것입니다. 이쪽은 쇼트의 볼을 천천히 돌려받는 중에 발의 운반법을 익혀가는 것입니다. 그리고 포핸드로 좌우에 움직이게 해서 그것을 상대 포의 일정한 한 곳으로 되돌리는 방법으로 됩니다. N식 풋워크라 해서 이번은 서로 맞서 돌리면서 포만으로 N의 글자를 쓰며 대전하는 방법을 도입합니다.

풋워크를 시작할 때는 15~30분 정도의 사이에 휴식을 넣어가며 하여가는 것이 좋으며, 처음부터 너무 급격하게 하지 않는 것입니다. 그 위에 한쪽만이 일정한 곳으로 되돌린다는 방법으로 시작, 서로 숙달한 후는 둘이 동시에 맞서 돌리는 풋워크를 도입하십시오. 이러한 규칙적인 풋워크 연습으로 발의 운반 스태미너, 움직이는 타이밍 등을 익혀두고 다음에 실전적인 풋워크로 옮깁니다.

② 불규칙적인 풋 워크

실전에서는 볼이 흐트러진 모양으로 해오므로, 어디로 와도 반격할 수 있도록 트레이닝을 해 둘 필요가 있읍니다. 그래서 불규칙하게 돌아온 볼을 풋워크를 사용하여 움직여서 반격하는 연습을 시작합니다. 처음에 규칙적인 볼의 풋워크로 어느 정도 볼을 이어서 치는 연습을 해 둡니다. 아무 것이나 강타로 공격하는 것이 아니고 어느 정도 미스가 없는 안정된 연계의 플레이를 도입해 봅니다. 둘이 다 그러한 치는 법을 행하면서 찬스를 잡고, 강타로 공격해가는 연습을 보태서, 보다 실전적인 방법으로 연습합니다. 처음에는 많은 볼을 준비하고 상대에게 일구씩 코트의 여기저기에 산발적으로 넣게 합니다. 비교적 바운드도 높고 느린 찬스볼에 가까운 것부터 시작하면 좋다고 생각됩니다. 이것을 랜덤으로 움직여서 반격해 갑니다. 처음은 드는 곳에 반격해 가고, 다음에는 일정한 곳에 쳐박고 더욱더는 상대에게도 줍게 해서 상대의 없는 곳으로 반격하는 연습을 합니다. 이리해서 볼을 많이 사용한 연습을 마치면, 이번은 상대에게 랜덤으로 돌리게 해서 이쪽은 상대의 포로 되돌려가는 연습이나, 포와 백을 번갈아 휘둘러서 반격하는 연습, 쇼트와 포를 사용해서 번갈아 반격하는 연습 등을 도입하고, 가급적 실전에 가까운 형태로 풋워크를 행합니다. 풋워크의 최후에는 스매시를 한방 넣어둘 것. 그리고 포와 백, 쇼트 등 여러가지의 치는 법을 자주 섞어서 타법의 바꿈을 몸에 붙여둘 것. 더욱더는 전후의 풋워크도 넣어서 중진과 전진에서의 분별 등 가급적 게임이 직결한 풋워크로 바꿔 갑니다.

이 연습은 매우 고통스러우며, 연습의 전반에 행하면 후반의 연습이 기진맥진 해서 못하게 되므로. 아무리해도 하루의 연습 중에서는 후반, 그것도 끝판에서 행합니다. 거기까지에 자세한 기술 연습 등

많은 연습 과제를 마무리 하고나서 행하는 것입니다. 풋워크가 시작하면, 발에 있던 구두의 중요성이 재인식 됩니다. 또 한번 구두에 주의를 돌리고, 움직이기 쉬운 것을 찾아둡시다.

백 핸드(back hand)의 연습

① 전진(前陣)을 사용해서

　백 핸드(back hand)의 연습은, 포 핸드(fore hand)의 연습을 시작했을 때와 같은 코스를 더듬고 갑니다. 느닷없이 굉장한 백 핸드 스매시(back hand smash)를 치는 연습을 시작해도, 그것은 무리입니다. 몸짓부터 한 걸음 한 걸음 올라가는 마음의 준비가 필요합니다. 몸짓에서는 오른쪽 팔꿈치를 직각으로 구부려서 자세잡고, 무릎을 바짝 끌어당겨서 라켓에 각도를 내고, 씌우듯이 스윙합니다. 이때 오른어깨를 잘 넣어두면 휘둘러내기 쉽고, 프리핸드는 직각으로 구부려두고, 임팩트의 순간에 무릎을 꾹 뒤로 당겨올리는 것이 요령입니다. 처음은 다소 딱딱하게 느낍니다만, 이것을 되풀이해서 어느 정도의 폼으로 굳혀논 후, 드디어 타구해 봅시다. 최초는 백앞에 잘라지지 않는 서브를 넣게 해서, 이것을 터는 것부터 시작합니다.

　이어서 쇼트로 백쪽에 돌리게 해서 이것을 반격하는 연습으로 옮

171

겨갑니다. 이때는, 어느것이고 작은 폼으로 치는 것부터 드십시오. 처음부터 큰 폼으로 치면 모양이 무너지기 쉽고, 미스가 많아져서 능률적이 아닙니다. 어쨌든 들어가는 것이 제일이며, 우선 폼만들기가 필요합니다. 전진이 쉬운 볼부터 시작하는 것도 그 때문입니다. 백핸드의 기술로는 궁극적으로는,

1. 백핸드의 크로스 치기로 스매시할 수 있을 것
2. 백핸드의 스트레이트 치기가 들어갈 것

의 두 점만으로 좋으며, 백핸드로 드라이브를 걸거나, 스트레이트에 스매시를 결정한다는 기술을 익히는 것에 더할 것은 없읍니다만, 그러한 기술은 없어도 포핸드의 활용으로 충분히 싸울 수 있으므로 어쨌든 거기까지의 기술 습득을 목표로 합니다.

② 후진(後陣)을 사용해서

　어느 정도 전진에서의 백 핸드의 폼이 굳어진 단계에서는, 탁자로부터 조금 물러난 백핸드를 시작해 봅니다. 상대에게는 쇼트나 포로 백크로스에 치게 하고, 이쪽은 차분한 모션으로 견실하게 되돌려갑니다. 그리고 어느 정도 랠리가 계속되면, 스트레이트에 흘려서 되돌리는 연습과 크로스에 스매시하는 연습을 시작합니다. 찬스볼을 백에 넣게해서 백크로스의 스매시 연습. 그리고 랠리(rally)를 계속하면서의 스트레이트치기를 행하고 갑니다. 최후에는 서로 백만으로 하는

롱싸움을 그만두고, 찬스에 백 스매시로 쳐 뚫는 연습을 행합니다.

백 핸드의 기술은, 너무 결정수(비방)라 해서 사용하는 일은 없읍니다. 백 대(対) 포(fore)의 싸움이 되면, 체세적으로 무리가 있는 백(back)이 지게 되므로, 백 핸드로 공격할 때는 상대의 백 핸드와 경합하는 것이 원칙입니다. 상대의 포에 반격할 때는 상대가 포 핸드를 사용할 수 없는 상태일 때에 한하는 것입니다. 따라서 아무리 해도 백 대 백의 싸움으로 되어오므로, 상대의 백에 지지않는 힘을 붙여둘 것. 게다가 쇼트 등의 기술과 함께, 백쪽은 빈 자리가 안될 수비로 해서 착 정리해 두는 것이 포인트입니다. 그 정도의 백핸드가 되면은 부랴부랴 충분하다는 목표로 연습에 대진하십시오.

서브와 리시브(receive)의 연습

① 정확하게 넣기 위해서

중국에서는 하루 두 시간은 서브 연습을 한다고 합니다.

서브는 자기의 에이스볼을 꺼내기 위한 제일의 수단이므로, 좀 더 시간을 쪼개 노력하면 한만큼의 가치가 있는 연습인 것입니다.

그런데 서브를 넣을 때의 기본적인 생각은 재빨리 넣고, 바삐 기본 자세로 되돌아와 3구째 공격에 대비하는 것입니다. 그리고 서브에 위력이 없으면, 먼저 공격당하여 수세일방이 되므로, 언제나 위력있는 서브를 정확하게 넣도록 합니다.

연습은 롱서브부터 시작합니다. 몸전체, 특히 허리를 사용해서 작은 모션으로 칩니다. 포·백의 어디에라도 넣을 수 있는 체세며, 역모션을 떠밀거나, 손목과 신체를 사용해서 드라이브를 거는 등, 상대가 알아차리지 않게 여러가지의 서브를 넣고갑니다. 그리고 롱 서브의 자세에서, 컷서브도 도입하고 갑시다. 그러기 위해서는 항상 일정한 토스를 올리는 연습도 중요합니다. 토스에 의해서 서브가 다르면 간단히 상대에게 읽힙니다. 임팩트의 순간까지는 일정하게 해서 맞춰둡니다.

그리고 롱 서브면, 코트의 바로 앞에 떨어뜨려서 상대 코트 깊이 낮은 바운드로 공격하고, 작은 서브는 코트의 한가운데에 떨어뜨려서 상대 코트의 네트가에 작게 넣어, 적어도 상대 코트 안에서 2바운드로 합니

다. 초크로 원을 그려서 20개, 30개 하며 겨냥한 곳에 넣거나, 코트에 물건을 두고 그것에 맞히는 서브를 내보내거나 해서 연습을 쌓으면 숙달하기 쉽다고 생각합니다.

서브 하나 본 것만으로 그 사람의 시합운행의 상수, 하수를 알 때가 있읍니다. 난잡하고 단조로운 서브의 사람은 마음껏 공격해 오는 저돌맹진형입니다. 정밀하고 빈틈없는 서브의 사람은 끈질기며 집요합니다. 서브의 종류가 풍부하며 의외일 때에 의외의 서브를 사용하는 사람은, 시합의 구성이나 전개가 빠름등, 그 사람의 특징을 잘 나타내고 있읍니다.

174

따라서, 정확한 서브를 몸에 붙이는 것은, 시합 운행을 숙달시키는 제일보라고 생각하고 연습에 대진하십시오. 적어도 같은 모션으로 세 종류 이상의 서브는 미스없이 넣도록 합시다.

② 스피드와 회전을 붙이기 위해서

서브 한 개 한 개의 위력은 롱이면 스피드가 있을 것, 컷이면 잘 잘려져있어야 할 것입니다. 상대의 변화로 현혹되기 전에, 서브의 위력으로 쓰러뜨리는 연습을 시작해 봅니다.

우선 롱 서브에 스피드를 붙이는 연습에서는, 허리를 홱 빨리 회전시켜서 칠 것과, 손목을 재빨리 스냅시키는 것의 둘을 연동시키지 않으면 안됩니다. 동시에 두 가지의 연습을 하는 것은 어려우므로, 허리의 회전 연습부터 시작해 봅니다. 서브는 다소 미스해도 허리의 움직이는 법을 익힐 작정으로 마음껏 움직이면서, 서브를 몇 개고 계속 쳐 봅니다. 이때 허리를 빨리 회전시키기 위해, 허리의 되돌아옴이 도리어 빨라지면은 허리가 잘 돈 증거입니다.

다음에 스냅의 사용법을 도입해 옵니다. 스냅은 작게하는 것으로 빨리 됩니다. 모션을 작게, 그리고 빨리하는 것이 중요합니다. 이것과 허리가 연동했을 때에 서브의 위력은 한층 증가하고 있읍니다. 다음은 이것이 정확하게 들어가는가 어떠한가 체크하면서 마무리해 가면 좋습니다.

공이 잘라지게 하려면, 허리가 잘 들어가고, 스냅이 잘 되는 것이 포인트입니다. 이때도 롱서브때와 호흡은 같습니다. 순간적으로 가장 빠른 스피드로 볼밑을 자르는 것이므로, 어깨나 팔의 힘을 빼고, 스피드에 중점을 둔 빠른 움직임을 목표로 합니다. 힘을 너무 주고 볼의 측면을 내던지듯 자르면, 바운드가 높아질 뿐으로, 설령 잘라져 있더라도 찬스볼이 되어버리는 것이므로 주의합시다.

③ 변화를 숨기기 위해서

공의 위력이 있는 서브를 넣고있어도, 그 서브가 상대에게 읽혀져 있을 때는 매복당해서 잡힙니다. 어떠한 빠른 서브라도 상대가 거기서 기다리고 있어서는 간단히 잡혀서 선수를 빼앗깁니다. 그러므로 서브는 상대에게 읽혀지지 않는 것이 선결입니다. 상대가 미처 예측하지 못한 상태의 변화구를 날려야만 합니다.

그러기 위해서는 우선 순간적으로 빨리 넣는 것이 원칙입니다. 상대가 망설이는 동안에 정해버린다는 각오입니다. 때로는, 일부러 갑자기 모션을 천천히 하고, 타이밍을 뒤틀리게 합니다. 이것은 언제나 순간적인 모션(퀵모션)으로 넣고 있으므로 효과가 있는 것입니다. 그러면 순간적으로 빠른 모션으로 서브 볼을 넣기 위해서는 어찌하는가, 라고 말하면, 백스윙이 커도 상관없읍니다만, 폴로우 드루를 작게 정리하는 것입니다. 이것은 볼을 치든가 자르든가 한 후에 가급적 재빨리 치기 전의 폼으로 되돌아와서 3구째 공격에 대비하기 위해서도 좋은 것입니다.

더욱더 같은 모션으로 몇 종류인가의 서브가 넣어지도록 하는 것도, 알아차리지 못하게 하는 큰 포인트입니다. 또, 백핸드의 서브를 사용할 때는 오른어깨를 깊이 넣고, 크로스에도 스트레이트에도 자유롭게 넣을 수 있도록 자세잡고서 서브하면, 상대에게 코스를 읽혀지지 않고 끝납니다. 이밖에 올려치는 서브일 때, 타점을 심판에게는 보이나 상대에게는 보이지 않게 몸으로 숨긴다든가, 폴로우 드루의 움직임에 변화를 붙여서 속이는 등 자기나름의 하는 방법을 연구해 보면, 여러가지의 넣는 방법이 생길 것입니다.

어느 쪽이든, 서브는 자기의 에이스볼에 연결하기 위한 것이라야 하는 것이 제일입니다. 상대에게 선수(先手)를 빼앗기거나, 이쪽이 미스해서 자멸하여서는 아무것도 안됩니다. 어떠한 훌륭한 스매시가 있어도 서브가 약하면 자기의 본맛이 발휘되지 않는 것입니다. 서브의 위력을 연마하는 연습의 의미를 잘 음미하고 대진하면 효과가 오른다고 생각

합니다. 또, 드라이브맨은 순수한 하회전 서브를 닦고나서, 그것의 응용 서브를 도입하고 가는 것. 롱맨타입의 사람은 롱서브를 우선 닦고 나서 그것에 맞춘 변화 서브를 배우고 가는등. 전형에 맞춘 서브의 연구도 생각해 봅시다.

④ 서브의 변화를 보기 위해서

이어서 리시브의 연습에 들어갑니다. 리시브는, 우선 같은 서브를 몇 번이고 넣게 해서, 그 리시브를 반복 연습하는 것부터 시작합니다. 가령 포 앞에 작은 서브를 넣게 해서, 그것을 터는 연습이든가, 백앞에 작은 서브를 넣게 해서, 돌아들어서 터는 연습 등이 그것입니다. 리시브의 포인트는, 잘 움직여서 내딛고 치는 것으로, 손목이나 라켓의 각도만으로 치는 버릇을 붙이지 않도록 합니다.

다음에 같은 서브를, '찌르기'와 '드라이브'와 '텀'의 세 종류로 되돌릴 수 있는 기술을 몸에 붙입니다. 언제나 털기만해서는 상대에게 리시브를 읽힙니다. 터는가 생각하면, 찌르기, 드라이브를 건다는 방법으로 상대를 현혹시키면서 되돌려갑니다. 그리고, 그 리시브로 어느 코스에라도 되돌릴 수 있게 하고 갑니다. 크로스와 스트레이트의 양쪽으로 되돌리게 해봅니다. 이것만 되면, 리시브를 읽혀서 매복시킬 염려가 없읍니다. 이 기본적인 리시브를 몇번이고 되풀이해서, 상대의 서브의 종류를 알았을 때에는, 반드시 되돌릴 수 있게 해두고 싶은 것입니다.

이것만 할 수 있게 되면은, 이번은 서브의 읽는 법이 포인트가 됩니다. 다음에 오는 서브는 어떠한 종류인가를 가급적 빨리 읽고, 그 읽음에 따라서 잘 움직여서 반구하는 것을 유의합니다. 변화의 종류를 알아차리려면, 라켓면을 잘 보고, 서브 넣는 순간을 주시합니다. 볼과 라켓면의 맞는 각도만이라도, 어느 정도 잘렸는가 잘리지않는가를 압니다. 그 전의 모션이나 친 후의 모션에 현혹되지 않도록 버티고 응시합시다.

서브가 들어오면 바운드한 볼의 근처까지 움직이고 가서, 눈으로 확인하고, 변화를 알아내는 일입니다. 특히 볼의 마크의 움직이는 것을 주의합시다. 가급적 새볼(New ball)을 사용하고, 볼의 마크가 짙게 보이는가, 엷게 보이는가를 주의해서 봅시다. 너클성의 회전이 없는 볼은 마크가 보이는 수가 있읍니다. 역으로 잘 잘린 컷성 서브는 마크가 있는지 없는지 모를 정도로 볼이 회전하고 있읍니다. 매직으로 볼에 표를 붙이고 테스트해 보면, 회전의 방식과 마크의 관계를 잘 압니다. 그리고 새볼로 익히고 가는 것도 좋은 방법이라고 생각합니다.

소리로 판단하는 방법도 있읍니다. 안티스핀 러버, 돌기물 높은 러

버로는 부싯하는 느낌의 둔한 소리가 납니다. 앞면 소프트러버는 쾅하는 약간 높은 소리가 납니다. 뒷면 소프트는 그 중간정도의 소리입니다. 그것만이라도 잘 잘리는가, 잘림이 나쁜가의 판단의 재료가 됩니다. 더욱더 뒷면 소프트의 경우는, 볼이 일단 러버면에 먹어들고 서며, 또 나오고 있으며, 돌기물 높이, 안티스핀, 앞면 소프트는 러버면에서 그대로 나오는 느낌이 납니다. 이것은 서브의 넣는 순간을 몇 번이고 보고 있는 동안에 익혀지는 것입니다.

 그러면, 리시브의 포인트를 정리해 봅니다. 서브를 되돌리는 경우는,
 1. 서브를 잘 볼 것

2. 잘 움직여서, 풋워크로 리시브할 작정으로 있을 것
3. 4구째 공격이 하기 쉽게 되돌릴 것
4. 상대의 역을 찌르고 되돌릴 것
5. 털때는 마음껏 강하게 함
6. 찌르기는 작게 하든가, 상대의 없는 곳으로 강하게 되돌리든가 함 등을 유의하고 버팁니다.

3구째, 4구째 공격의 연습

① 같은 패턴을 만든다

 탁구의 싸움에도 '형(型)'이란 것이 있읍니다. 이 랠리가 되면 반드시 포인트 한다든가, 이러한 랠리에 갖고들면 절대로 자신이 있다든가 하는, 자기 특유의 '형'을 만들어놓고 싶은 것입니다. 이 '형'은 싸움을 구성하고 가는 베이스가 됩니다. 시합에서는 가급적 자기에게 유리한 '형'에 갖고들도록 합니다. 또, 경합때, 선수를 치려고 하는 때 등 모든 경우에 이 '형'을 응용할 수가 있읍니다. 물론 이 형에만 빠져서 단조한 시합운행이 되어서는 안되는 것입니다만, 자기의 시합의 근본이 되는 '형'을 만들어두는 것은 중요한 포인트입니다.
 그러기 위해서는 시스템 연습이라고 말해서, 자기에 알맞는 랠리의 패턴을 익혀두는 연습을 합니다. 가령 백스트레이트를 공격한다든가, 포의 크로스에 정한다든가, 에이스볼을 우선 하나 만들어놓고, 그것을 살리기 위해서의 랠리를 생각하고 반복연습을 합니다. 처음에 서브를 넣고, 그것을 같은 곳에 되돌리게 해서 반격하는 반복연습, 즉 3구째 공격의 반복연습을 합니다. 이어서 리시브부터 3구째를 일정한 곳에 넣게 해서, 에이스볼을 치는 4구째 공격의 반복연습을 행합니다.
 그 패턴으로서는,
 1. 컷서브 → 찌르기로 리시브 → 드라이브나 스매시의 반구
 2. 컷서브 → 털게함 → 드라이브나 스매시로 되돌림
 3. 롱서브 → 쇼트나 포롱으로 되돌리게 함 → 드라이브나 스매시로 되돌림
 4. 컷서브 → 롱으로 되돌리게해서 → 쇼트나 강타로 되돌려감

5. 롱서브 → 쇼트나 강타로 되돌림 → 푸시성쇼트로 되돌림 → 스매시나 드라이브로 정함
  6. 컷서브 → 드라이브로 되돌림 → 푸시성쇼트로 되돌림 → 드라이브나 스매시로 정함
등등이 있읍니다.

 이러한 시스템 연습은, 처음부터 코스나 구질을 알고 있기 때문에 매우 하기쉽습니다만, 난잡한 랠리로 되기 쉬운 결점이 있읍니다. 그래서, 반드시 서브를 넣은 후는 볼이 어디로 되돌려와도 칠 수 있는 위치에서 자세잡고서 돌아들거나 뛰어들거나 해서 치도록 유의하십시오. 빨리 기본 자세로 되돌아와서, 다음의 볼을 치도록 하고 갑니다.

 그것이 대충 끝나면, 이번은 여러군데로 되돌리게 해서 3구째, 4구째 공격의 연습을 합니다. 특히 시합 전에 이러한 연습을 해두면, 시합중에 점점 익숙해져서 잘 정해지게 되는 것입니다.

② **시합 형식에서의 연습**

 게임연습을 많이 하는 것으로 3구째, 4구째 공격의 실전적 연습이 됩니다. 게임연습에서는 승패에 구애되지말고 과제를 갖고 하는 것입니다. 승패에 구애되면, 소극적이며 안전 제일의 플레이가 많아지고, 새로운 플레이는 개발되지 않습니다. 시합 연습에서는 반드시 새

로운 플레이를 하나라도 몸에 붙인다는 마음으로 임하십시오. 그것이 있느냐 없느냐로 강해지는 선수와, 그렇지 않은 선수가 구별되어 버립 니다. 리시브의 템을 확실히 하는 것과 스매시의 미스를 없애는 것 등, 어떤것이라도 좋으므로 테마를 발견하고 게임연습에 임하십시오. 그리고, 같은 타입의 사람만이 아니고, 여러 타입의 사람과 플레이하 는 것이 필요합니다.

더러 동력(同力)의 사람과 할 때는 자기의 가락을 내기 위해, 자기보다 조금 강한 상대에게는 확실히 플레이를 만들기 위해……라는 생각으로 해 왔읍니다만, 언제나 진지하게 경쟁하는 장면을 상정하고, 게임연습 중에 자기의 에이스볼을 확인하거나, 연마하거나 하고 왔읍 니다. 또 약한 사람과 할 때는 열 개, 열 다섯 개의 핸디를 붙여주거 나, 15올부터, 13~17부터, 혹은 듀스부터 등과 시합의 여러 케이스를 상정하고, 지고 있을 때의 뒤쫓아올리는 법, 이기고 있을 때의 떼치는 법, 겨루었을 때의 점수따는 방법 등을 시합연습 중에 파악하고 갑시다.

컷 치기 (cut stroke)의 연습

① 끈덕진 포 (fore)

컷(cut)을 되돌리는 경우에 중요한 것은, 컷을 두려워하지 않게 자신을 붙이는 일입니다. 어떠한 컷이라도 확실하게 되돌려서 보인다는 기분이 들게 하는 연습을 합시다.

우선 맨 처음은 일정한 곳에 그다지 잘리지 않는 컷을 넣게해서, 그것을 되돌리는 플레이부터 시작합니다. 이때, 뜬 볼은 응당 스매시할 것이므로, 드라이브로 가느냐, 스매시로 가느냐를 빨리 판단하는 버릇을 붙여둡시다. 볼이 오는 것을 기다리는 버릇을 붙이거나, 볼이 오기까지 치는 법을 망설이는 버릇은 고쳐두고 싶은 것입니다. 이리해서, 볼이 네트를 넘을 때까지에 타법을 정한 곳에서, 빨리 충분히 움직여서, 신체의 옆까지 바짝 볼을 끌어당깁니다. 그리고 타점을 너무 떨어뜨리지 않게해서, 미트를 강하게, 회전력에 지지않도록 해서 볼을 위로 들어 올리듯이 치고갑니다.

천천히 들어올리듯이 치는 것보다는, 미트를 살려서 회전에 지지않도록 해서 치는 편이 들기쉬운 것입니다. 이것을 중학생으로 100개, 고교생이면 500개 계속하는 것이 필요합니다. 이것으로 요령이 익혀지면, 여러 코스에 되돌리게 해서, 풋워크를 충분히 사용해서 반격하고, 다음에 볼의 변화를 섞어서 반격하게끔 서서히 레벨을 올려갑니다. 다음은 일정한 방향이었던 되돌리기법을 좌우, 심천(深浅), 미들과 분별해 가도록 합니다. 이 연습에는 컷맨의 상대가 필요합니다만, 컷맨에 의지말고 머신을 사용해서 연습하면 빨리 익혀지는 것입니다. 상대에게 어려울 것이 없이 자기에게 납득될 때까지 충분히 하고 가면, 그만치 단시간에 요령을 습득하게 되는 것입니다.

② 연속 스매시(Smash)

연속해서 컷볼을 반격할 수 있게 되면, 이번에는 스매시의 연속에 대진합니다. 연속해서 스매시할 수 있도록 연습해두면 실전에서 상당한 효과가 오를 것입니다.

그런데 스매시의 경우에는, 상대가 볼을 라켓에 맞히는 순간까지는 이미 스매시의 결단을 해두는 것이 필요합니다. 가끔 컷볼이 잘 튀었으므로 치고가자, 해서는 늦는 것입니다. 컷의 임팩트까지의 체세를 보면, 떠오르는가 어떤가는 거의 판단되는 것입니다. 가급적 빨리 그러한 결단을 내리고 스매시의 준비에 듭니다.

맨 처음은 조금 컷된 볼을 스매시하는 곳부터 들어가 봅니다. 볼을 잘 바짝 당겨 충분히 내딛고 스윙을 크게 해서 빨리 휘두르는 것입니다. 물론 상대코트 깊이 코스를 정하고 쳐 들어갑니다. 연속 스매시의 경우라도 신체의 체세가 무너지지않는 정도면, 큰 스윙이라도 충분히 시간댑니다. 연습에서는 상대컷맨의 득의의 위치에 치고, 컷으로 되돌리게 해서, 또 스매시 한다는 방법을 최초에 도입합니다. 이어서 서서히 치는 방향을 바꿔가며, 컷볼에서 무회전볼 등을 섞어서 치고갑니다. 머신을 사용하면, 보다 능률적으로 연습할 수 있을 것입니다. 스매시는 충분한 여유를 갖고, 좋은 위치에 움직이고 나서, 마음껏 결정한다는 것이 요령입니다.

▲중동무이의 리시브는 상대의 바라는 함정입니다. 여기라고 생각했을 때는 마음껏 몸전체를 펴고 리시브합니다

③ 흔듦 공격 때문에

그리고, 컷볼이 안정되어 반구된 데다가 스매시로 연속타가 되게 된 곳에서, 실전적인 컷맨 없애기의 연습에 옮깁니다. 전에는 스매시의 위력으로 땅땅 쳐 뚫고간다는 전법을 취했읍니다만, 최근은 스매시만이 아니고, 공격에 변화를 붙여서 공격하는 방법이 많이 도입되고 있읍니다.

제 1은 드라이브치기에 변화를 붙이는 일입니다. 회전의 거는 법을 연구하는 이외에, 깊게, 혹은 얕게 되돌리거나, 스피드에 빠름과 느림을 붙이거나, 상대의 백과 포를 찌르거나 하는 일입니다. 이 드라이브에의 공격법이 우선 기본이 되므로 스스로 변화를 생각하면서 치고갑니다.

이러한 드라이브의 변화가 상당히 효과있게 된 곳에서, 컷맨 상대로 여러가지 공격법을 실제로 연구해 봅니다.

1. 상대를 탁자 가까이 다가서게 해놓고, 스매시로 뚫음
2. 드라이브로 공격하고, 반구가 뜬 곳에서 스매시 함
3. 한쪽의 코스에 다가서게 해놓고, 역코스를 뚫음

4. 스매시로 공격하고 스톱으로 잡음
5. 드라이브를 갑자기 걸고 미스를 유발시킴
6. 드라이브를 거는 시늉을 하고, 롱을 치며 미스를 유발시킴
7. 찌르기 혹은 스매시로 옮김

등의 공격법입니다. 컷맨은 일반으로 신체의 중앙이 무르고, 양쪽 사이드는 상당히 넓은 수비력을 갖고, 전후의 흔듦에 다루기 힘든 상대란 것이 일반적인 특징입니다. 그 특징을 근거로 삼고 공격해 가는 것입니다만, 공격쪽의 타법의 바꿈의 잘하고 못함이 큰 비중을 점하고 있읍니다. 타법을 바꾼 탓으로 자기의 미스를 유발해서는 자멸이므로, 타법의 바꿈에 충분히 유의하고 연습을 쌓아주십시오.

제4장
지지 말라 지게 하라

시합(試合)의 전개(展開)

시합에서는 어떠한 액션이 일어날지 모르는 것입니다. 그러므로 평상심을 잃으면, 뜻밖의 사건에 놀라고 정신없이 자기의 탁구가 되기도 전에 저버리는 일이 있습니다.

시합에서는 자기의 힘을 충분히 발휘하고, 그 성과를 묻는 것이 중요한 포인트입니다. 그러기 위해서는 '수비를 공고히 하고, 공격으로 나간다' 라는 전술이 가장 효과적이라고 믿고 있습니다. 이것은 되는 대로 우승을 다투는 불안전한 싸움의 방법과는 다릅니다.

수비를 공고히 한다는 것은, 안지도록 한다는 목표이며, 그 다음에 공격으로 나가는 것은, 승리를 잡자는 적극적인 노림입니다. 기술에 차가 있거나, 전형에 결함이 있는 상대와 싸우고 있으면, 수비중심으로 플레이해도 이길 때가 있습니다. 상대가 함부로 자기의 약함을 속속들이 드러내어 지고가는 것입니다. 이른바 '자멸'이란 타입으로, 긴장된 나머지 마구 치고 미스를 내거나, 올라가버려서 영문 모르는 사이에 찌부러져 가거나, 혹은 컨디션 조정에 실패하고 흐트러져 가는 등, 자멸에는 가지가지의 케이스가 있습니다.

수비가 든든하면, 이러한 이기는 방법도 가능합니다. 상대의 공격을 견디고 고통하면서 이따금 공격하는 것만으로도 이만한 효과가 있으며, 적어도 스스로 부서지거나, 자기보다 약자에게 진다는 케이스는 없어지는 것입니다. 이른바 예상외의 결과가 일어나서 진다는 것은 없어집니다. 지키고 있는 사이에 상대의 틈을 발견하고, 공격으로 바꿔드는 것입니다만, 여기서부터 적극적인 탁구가 됩니다.

나는 이때, 반드시 에이스볼이든가, 결정적인 수를 내지않고 오히려 효과적인 공격의 방법을 발견하면, 집요하게 그것을 찌르고 갔읍니다. 상대의 약점을 철저하게 찌르며, 보다 많은 포인트를 버는 것입니다.

전형(戰型)의 특징

탁구는 플레이어의 라켓, 러버, 그립, 스윙 등의 다름에 의해서 타

▶ 시합은 인사로 시작하고 인사로 끝남

입이 크게 구분되어 갑니다. 각자에 따라서 전술이나 전법에도 세세한 차가 있읍니다만, 최초의 타입에 의해서 몇 종류인가의 전형으로 구분할 수가 있읍니다. 그러고도, 타입에 의해서 어떠한 특징이 있는가도 정해집니다. 상대의 특징을 발판으로, 이쪽의 전법이나 전술을 세세하게 구성하여 가므로, 탁구의 전형과 그 특징을 충분히 연구해 두는 것이 승리에의 제일보인 것입니다.

① 전진 공수형 (前陣攻守型)

이 타입은, 중국의 전통적인 선수들이나, 국내에서도 앞면 소프트, 원형 라켓 등을 사용한 사람들에 많이 보입니다. 후진에서 풋워크를 사용하고 드라이브를 당기는 일이 거의없는 선수로, 탁자에 붙어서 빠른 템포로 코스를 찌르며 공격해오는 사람이 많으며, 일반적으로 랠리는 오래 계속못하는 반면, 스피드나 예리함을 우선 순으로 삼고 있읍니다.

이 타입의 사람은,
1. 서브가 좋음
2. 쇼트가 강함
3. 드라이브는 적고, 백크로스에 강함
4. 조금이라도 뜨면 스매시함

5. 찌르기가 좋음

이와같이 전진 플레이를 중심으로 구성하고 있읍니다.

그 반면,

1. 포쪽이 비교적 약하고, 이쪽의 공격처가 됨
2. 드라이브나 찌르기의 변화에 대응하기 어려움
3. 코트에 붙어서 공격하려는 기가 강하기 때문에, 스트레이트의 방향에는 그다지 반구 못함 등의 결점을 갖고 있읍니다.

대전자로서는
1. 작은 볼로 탁상에서 떠 버리는 것
2. 상대의 백에 중동무이한 스피드로 들어가는 것
등은 절대로 넣어서는 안될 구종(球種)이며, 이것이 상대의 바랐던대로 들어가는 것입니다. 역으로,
1. 포앞으로 찌르기의 잘라진 볼을 넣어서, 상대에 부득의한 드라이브를 걸게끔 대함
2. 상대가 다루기 어려운 상대의 롱싸움에 들게끔 포에서 공격해 감
등이 유효한 전술이 됩니다.
어떻든, 변화 서브에서 단기 결전형의 랠리로 결말 지으려는 공격 타입의 성격이므로, 그것을 납득한 후에 대전해가면 승기를 찾을 수도 있다고 생각합니다.

② 드라이브 주전형 (drive 主戰型)
뒷면 소프트로 중진(中陣)에서 날카로운 드라이브를 당기는 타입입니다. 풋워크가 좋고, 끈덕진 데다가, 스매시가 예리하므로, 모두 달리 봅니다.
1. 드라이브가 대단히 강함
2. 풋워크가 훌륭함
3. 스매시가 강렬하며
4. 끈덕지고 파워가 있음
이란 것이 특징입니다. 최근의 세이크핸드의 드라이브 주전형도 많아져서, 펜호울더 이상으로 날카로운 드라이브를 내보내고 있읍니다.
이 타입은 일반적으로,
1. 백핸드가 약하고
2. 네트플레이가 능숙하지 못하며
3. 쇼트가 서투름
이라는 결함을 갖고 있읍니다. 이것은 포 핸드를 다용해서 움직여 돌고 있기 때문이며, 백 사이드라도 뺑 돌아들어 치고, 중진 이후에서의 플레이를 득의로 하고 있어서, 탁상의 작은 볼은 찌르기로 되돌리기가 고작, 이라는 케이스가 많아졌기 때문입니다.
이러한 타입에 대해서는,

   1. 코트의 가까이에서 플레이하는 전개(展開)에 갖고 듬. 특히 탁자에 근접해 두면, 강타에 무른 데를 보입니다. 또,

   2. 백계통의 기술을 상대에게 사용하게끔 공격해가며, 그 반구를 이쪽이 강타해서 선제잡고 감 등이 기본적인 전략입니다. 가장 득의인 중진에서의 드라이브 접전에 갖고들게 해버리면, 컨디션이 나쁠때에도 금방 원기가 나고 기세를 타고 옵니다. 그러므로, 결코 상대의 함정에 빠지지 않도록 백쪽에서 공격해가며 찬스를 잡아 봅시다.

③ 컷 주전형(cut 主戰型)

   이 타입은 원칙적으로는 세이크 핸드며, 컷으로 끈덕진 타입입니다. 풋워크가 좋고, 넓은 수비 범위를 가지며, 끈덕지므로, 이쪽이 화가 나 치고들면, 치다 지쳐서 미스가 나오고 자멸해 버리는 수가 많아집니다. 마음껏 스매시해도 잘 주워오는 반면,

   1. 미들이 약함
   2. 전후의 흔듦에도 무름
   3. 반격은 그리 좋지 않음
   4. 볼의 변화에 무름

등의 결점을 갖고 있읍니다.

   그래서,

   1. 상대를 옅은 드라이브든가, 찌르기든가, 스톱으로 코트앞에 다가서게 해 놓고서 스매시로 뚫음

2. 양 사이드의 어디에라도 오라는 모양으로 기다리고 있을 때에 이쪽이 상대의 미들을 공격함
   3. 드라이브나 롱의 볼에 변화를 붙여서 찬스볼을 만듬
   4. 이때는 원칙으로서 백컷보다 포컷이 서투름으로, 포쪽을 공격해서 찬스볼을 넣게함
   5. 끈덕지게 미스가 적은 형이므로 듀스로 들어가기 전에, 승부로 나감
   6. 스톱을 너무 다용하거나, 찌르기를 많이 쓰거나 하지말 것. 상대는 컷이나 쇼트컷이 본직이며, 가장 여유를 지니고 플레이 해오므로 등을 기본적으로 생각하고 싸웁니다.

④쇼트 주전형(shot 主戰型)

 탁자에 붙어서 쇼트로 공격해오는 타입이며, 전에는 공격형의 주류를 점한 일도 있읍니다만, 현재로는 그다지 많이 안보입니다. 당연한 것이면서, 어떠한 강력한 스매시라도 반구할 자신을 가질수록, 쇼트의 기술을 연마하고 있으므로, 힘껏 공격해가면 상대의 술책에 빠집니다.

 그래서, 이 타입의 3대 결점인,
   1. 포핸드가 약한 것
   2. 풋워크가 약한 것
   3. 스매시가 약한 것
을 안 뒤에, 맨 처음부터 전력플레이로 공격하지 말고 연계의 플레이

를 중시하면서, 찬스에 일발로 정하는 겨냥을 붙입니다. 드라이브에는 변화를 붙여서, 완급을 섞거나 포를 공격해서 풋워크를 쓰게 하거나, 찌르기를 섞고 가는 등, 단조하게 되지 않도록, 또 볼을 상대의 백에 많이 집중 안되게 치고갑시다.

시합의 준비

① 조정(調整)과 마무리

그런데, 공식전에 들기 전에, 미리 전형(戰型)과 그 특징을 알고, 그 전략법을 머리에 넣어두고 나서 최후의 조정(調整)에 들어갑니다. 우선 대회의 4～5일 전까지는 전력으로 여러가지의 연습을 해도 상관없읍니다. 피로를 개의말고 충분히 하십시오. 그러나, 4～5일 전부터 연습량을 줄이고 피로를 가시게해서 대회에 대비합니다. 이 조정기간에 들면, 제일 득의의 기술과 제일 서투른 기술을 중점적으로 연습합니다. 일반적으로 득의의 기술밖에 하지않는 경향이 보입니다만, 가장 큰 약점이 될 서투른 기술의 연습도 반드시 해두어야 합니다. 이어서 기본 연습으로 되돌아와서 폼의 조정을 합니다. 몸짓을 도입하고, 도시 미스가 없는 플레이를 목표합니다. 이 기간에 탕탕 연습하면 폼을 흐트리는 원인이 되므로, 지나치게 안하는 것도 중요합니다.

러닝은 7～8킬로에서 2～3일 전에는 2～3킬로로 줄이고, 2～3일전부터 충분한 휴식을 갖고, 사생활을 바르게 하고, 언동에도 주의하고, 승부처에서 평상심으로 되돌아와서 싸우게끔 노력합니다.

대회 당일에 베스트컨디션으로 갖고가기 위해서 모든 것을 정비하는 것입니다. 몸의 피로는 건강체라도 2～3일은 남는 것입니다. 조금식 피로를 풀고, 원기좋은 상태로 하기 위해 근육을 차게하는 잠자는 식이나 위장을 상하게 하는 식사법은 엄금입니다. 정신적으로도 당일은 집중력을 발휘하기위해, 너무 사소한 것은 생각말고 자신의 집중력을 높이는 궁리를 합니다. 가장 득의의 기술을 정돈하고 서투른 것은 커버해 둡니다. 그만치 심(心)·기(技)·체(体)를 정비하면, 우선 됩니다.

②정보(情報)와 작전(作戰)

자신을 아는 것과 동시에 상대를 아는 것도 중요합니다. 친구나 선배로부터 가급적 정보를 얻어서, 대전상대의 특징을 알아두는 것만으로 상당히 득을 봅니다. 서브, 리시브의 특징, 3구째, 4구째 공격의 버릇등, 이미 대전하거나 본일이 있는 상대면 그 노트나 기억을 더듬고, 또 지인(知人)으로부터 지식을 사들입니다. 그리고 하루 전에는 작전이 세워지도록 합니다. 그때는 자기의 에이스볼을 한 개라도 많이 사용토록 할 것, 상대의 약점과 자기의 장점을 맞부딪치게 하는 것이 포인트입니다.
 그러나, 이리해서 세운 작전은 대전하는 직전에 일단 백지로 환원시키는 것이 필요합니다. 틀린 정보나 과부족이 있는 지식으로 세운 작전이 엄청난 오산을 초래하는 수가 있기 때문입니다. 그러므로 작전이란 것은 남의 조언을 구하거나 대전하면서, 그것이 유효한가 어떤가를 확인하면서 사용하는 것이 중요합니다. 그렇게 하지 않으면, 독선적인 방법이 되어서 혼자만의 싸움으로 끝나버리는 수가 있읍니다.

③마음의 정리(整理)
 경기장에서는, 게임에서 집중력을 발휘할 수 있도록 준비를 시작합니다. 잡담을 하고 기를 산만하게 하거나, 너무 떠들어서 흥분되거나 해서는 안되는 것입니다. 조용히 하고 되도록 침착하여 집중력을 기르게 합니다.
 그리고 시합에서는, 가급적 마음껏 플레이할 수 있게끔 될 수 있는대로 편하게 대진할 수 있는 기분으로 나갑니다. 그러기 위해서는,
 1. 이 시합에서는 지금까지의 연습의 성과를 모두 피로(彼露)하기 위해서 온 것이며 승부의 구애되어 있지 않다……라고 자신에게 일러줌
 2. 언제고 신인의 기분으로 상대에게 경의를 보내고, 상대 이상의 기력을 사르며 싸움
 3. 항상 최선을 다하여 경기에 힘하되, 설혹 진다고 하더라도 끝까지 열심히 싸움.
등 이라는 형태로 마음을 정리하며 갑니다. 어디까지나 시합은 연습의 결과에 불과한 것이므로, 시합도 또 연습의 일부, 말하자면 연습의 마무리라는 생각으로 릴랙스한 기분을 잊지 않도록 합니다. 시합에서는 잘 흥분한다고 말합니다만, 적당한 긴장은 도리어 플레이를 충실하게 합니다. 너무 흥분하는 것에 구애되지 말고, 다만 평상심을 내는 것만을 유념하고 싶은 것입니다.

④컨디션(condition)의 관리
 경기장에서는 시합 전이나, 그 짬짬이에 몸을 차지지 않도록 합니다. 차져서 굳어진 근육은 움직임이 둔하고, 간신히 다진 근육이 역으로 핸디로 되어옵니다. 한 시합마다 새유니폼을 갈아입고 땀을 닦아내는

정도의 준비는 해두고 싶은 것입니다. 워밍 업은 이마에서 땀이 날 정도로 충분히 해둡니다. 방한구의 잠바, 장갑 등과 겨울이면 모포, 여름이면 타올 등으로 몸을 보호하는 것도 잊지 말아 주십시오. 물론 찬 음료수는 피해주십시오. 직전에 많이 먹거나 하지말고, 미리 조금씩 먹어두는 것입니다. 꿀탄 쥬스, 레몬 등을 준비하거나, 단것을 들거나 하는 것도 좋을 것입니다. 어떻든 좋은 경식을 하는 정도로, 위장의 부담을 줄입니다. 게임의 20분 전에는 러닝이나 대시·새도우플레이, 몸짓을 시작해서 땀을 흘리고, 작전을 더 한 번 머리 속에서 정리하며, 마음을 침착케하고, 자신을 갖고 시합에 임합니다. 시합이 되면 상대를 잘 보는 것이 중요합니다. 상대의 장기, 서투른 기술, 컨디션, 기분의 상태, 작전등, 여러 면을 여유를 갖고 관찰한 다음, 싸움에 임하십시오.

시합 운행(試合運行)

①전반전(前半戰)부터

시합이 시작되었으면, 우선

1. 상대의 장점과 단점을 빨리 판별하도록 함. 그러기 위해서는 서브나 리시브, 랠리의 사이에서 테스트볼을 보내는 수도 있읍니다.
2. 다음에 유효기(有効技)를 발견하면, 이것을 다용해서 우선 리

드를 빼았도록 합니다. 이것이 효력이 있음을 안순간부터 적극적으로 포인트를 벌어서, 자기의 우위인 쪽으로 갖고 가는 것입니다.

  3. 그 과정에서 상대의 약점을 발견했다고 하면, 그것을 막 공격하고, 최후에 리드를 빼았는 것입니다. 상대의 약점은 절대로 간과해서는 안됩니다.

  4. 더욱더 중요한 것은, 각 세트의 스타트에서는 전력 플레이를 원칙으로 하는 것을 기억해 두십시오. 먼저 리드를 빼았고 나서 싸운다는 것은 전법의 기본입니다.

  5. 이밖에 전반선(前半線)에서는, 잘 움직여서 빨리 자기의 컨디션을 내도록 할 것.

  6. 칠 수 있는 볼은 자주 치고 적극적이고 과감한 플레이를 보이며,

  7. 마음껏 싸움.

등이 중요합니다.

②후반전(後半戰) 부터

  이렇게해서, 서로 나오는 태도를 살피고, 적극적인 싸움을 계속하고 있는 동안에 서로 솜씨를 알게되고 집중력이 높아집니다. 벌써 서로 상대의 작전을 알고 있으므로, 여기까지 오면은 중동무이의 플레이는 금물입니다. 우선

  1. 도망치면 지는 것입니다. 항상 강한 기로 적극적으로 싸움.

  2. 공격할 때는 공격하고, 이을때는 잇는다는 기본 플레이를 충실히 지키며, 너무 흥분한 맹진은 경고함.

  3. 에이스볼로 싸우는 것이 주안으므로, 항상 에이스볼을 끌어내도록 함.

  4. 서로 공격하는 것이므로, 코스를 찌르는 공격 수법이 유효함 등을 고려해 둡니다. 제일 잘 듣는 기술을 사용, 항상 이길 수 있는 솜씨로 싸우게, 시합 운행을 바꿔가고 싶은 것입니다. 그리고 마지막은 적극적으로 공격하는 편이 승리라고 생각하고 용기를 내어 싸우십시오.

제5장
시합 후에 할 일

반성과 일기

　대회(大会)가 끝나면, 반드시 그 대전기록(對戰記錄)을 그날 중에 기록해 두고 싶은 것입니다. 기록만이 아니고, 그 대전의 결과도 반드시 기입하고, 제삼자가 보는 방법도 덧붙여 둡니다.

　그리고, 어느 코스가 들고, 어느 코스가 들지 안았는가, 상대의 특징은 어떠했던가, 리시브, 3구째, 4구째는 어떠했던가, 상대의 에이스볼은 무엇이었던가 등을 잘 분석해 둡니다. 체력적으로도 어떠했던가 등, 자기의 반응도 써넣어 둡니다. 이 노트는 다음에 같은 사람과 대전했을 때, 대단히 쓸모가 있는 외에, 스스로 탁구를 분석할 수 있는 눈을 기릅니다. 금후의 강화의 과제를 정할 때도 유용하다고 생각합니다.

내일에의 의욕

　많은 선수들은 대회 후, 언제나 반성한 것을 노트에 적고 있읍니다. 대부분 반성은 기술면보다 정신면에 중점을 두고 있읍니다. 가령, 그 게임에서는 이긴다고 방심하고 상대에게 헛점 찔렸다, 이번은 아무리 리드하고 있어도 방심말고 베스트를 다하자……든가, 승부처에서 굳어져 좋은 플레이를 못했다, 이번은 편한 기분으로 승부에 구애되지 않고 하자……와 같은 것입니다.

　이러한 반성이 나오는 것은, 거의 승부를 너무 의식한 때이며, 그 밖에는 트레이닝량이 적다든가 연습량이 충분하지 못한 때였읍니다. 그래서 집중력이 있는 내용의 짙은 연습을 많이 하고 트레이닝도 듬뿍 해야겠다는 의욕이 솟아나오게 됩니다. 요컨대, 결과가 나빴거나 실패했을 때는 그 전의 준비기간, 연습의 과정에서 무언가 좋지못한 일이 반드시 있었던 것입니다. 그러므로 반성해 보면, 자신의 결점을 알아차리고 그것을 조금이라도 빨리 해소시키고 싶어, 끝없이 하고 싶은 기(氣)가 솟게 되는 것입니다. 그런 의미에서 대회 후의 반성은 뺄 수가 없읍니다.

　일류 선수들은 그러한 반성을 되풀이하고 있는 동안에 옛날의 승부사들은 어떠한 각오로 싸우고 있었던 것일까……란 것을 알고 싶어, 그들의 저서를 읽어보는 동안에 승부에 대한 마음의 눈을 뜨게됩니다. 그 중에, 일상생활의 모든 것이 시합에 이어져 있다……라는 것을 비로소 알게 되는 것입니다.

　요컨대 시합 혹은 승부를, 그 전의 연습의 성과로만 생각하는 것이 아니고, 일상의 몸상태의 유지, 즉 건강관리에서 탁구에 대한 연구심, 더욱더는 선후배와의 연계의 사이에 있는 대인 관계, 그리고 예의범절, 용구나 유니폼의 손질 등에 관해서의 생각……등이 모든 시합속에 응축되어서 나타나 있다는 생각입니다.

　자주 일류선수의 사이에서 '부상도 실력속에' 라고 말합니다. 시합전이나 시합중에 상처를 입거나, 몸상태를 무너뜨려서 충분히 플레이 못한 것은 일상의 건강관리나 체력 만들기, 혹은 정신적인 방심에서 일어나는 것이므로, 그러한 부상을 하기 쉬운 구조를 지니고 있는 것 자체가 실력이 없는 증거이며, 부상해서 졌다 라는 핑계가 안된다…… 라는 것입니다. 그러므로 일상생활의 모든 것이 시합에서 좋은 결과를 내려는 방향에 향하고 있으면, 액시던트(사고)나 부상할 리는 없다는 생각에 입각한 것입니다.

시합전에 감기에 걸리고 움직임이 둔해져서 패했다고 하면, 감기를 걸리게 방심을 한 사람이 나쁜 것이며, 그것은 자멸, 즉 스스로 진 상태에서 싸우는 것이 되는 것입니다.

이렇게 하여, 생활의 전부가 시합에 연계되어 있다는 것을 알면, 일상생활이란 것의 의미가 갑자기 무게를 갖는 것이 되어, 자는 시간 하나 가지고도 규칙적으로 하자든가, 잠자는 방법 하나 가지고도 근육을 차지지 않도록 여름이라도 쿨러를 돌리지 않는다든가, 파자마 등을 꼭 입고 자게 되어있는 것입니다.

여기서 탁구에 대진하는 자세가 갑자기 급변하고, 지금까지의 자신의 미치지 못함을 생각케하여, 연습장만의 노력으로 대회에서 이기려 했던 자기자신이 얼마나 조그맣고 보잘것 없는 사나이였던가를 반성하게 되는 것입니다.

연습만 충분히 쌓으면 강해져서 시합에 이길 수 있다……라는 생각을 버리고, 모든 일상생활, 자기의 사고방식, 사는 방식, 인격등, 자기의 모든 것이 시합에서 나오는 것이므로, 탁구는 전인격의 대결

　혹은 그 사람의 마음의 투쟁이라는 방향에서 잡게 된 이래, 대회에서의 성적은 얼룩이 없고 안정된 것으로 되어왔읍니다. 왜냐하면, 일상생활에서 바른 생활을 보내고, 몸도 마음도 기력도 충실하게 해서 대회에 임하게 되었으므로, 스스로 흩뜨려서 지고간다는 자멸이 없어졌기 때문입니다. 게다가 상대의 유니폼, 용구의 손질이 나쁘거나, 태도나 매너가 나쁜 선수를 만났을때, 단지 연습만으로 이기려는 자에게 질 소냐, 아니 절대로 져서는 안된다……라는 투지가 불끈불끈 솟아나서, 기력이 이상하게 충실하고, 그러한 상대에게는 평소 실력의 120 퍼센트 정도 발휘하여 쳐부수고 가게 되어져버리기 때문입니다.
　또한 대회의 전에는 반드시 이발을 하고, 목욕하며, 깨끗한 유니폼을 몇 벌 준비하고, 용구의 손질을 행하며, 마음의 평상을 유지케해서 충분히 휴양을 하게끔 유지하는 것도 중요합니다.
　그리고 또한 더 탁구를 하기위한 공부를 하고 싶은 기(氣)가 날 때는 쪽, 많은 승부사나, 명인, 위인들의 저서며 전기를 읽어 보는 것도 좋습니다. 어떤 선수들은 '손자의 병법' 이란 책을 보게 되어, 전법,

전술을 연구하며, 많은 것을 배울 수가 있었다고 합니다.

가령 손자의 유명한 말에 '나를 알면 백전이 위태롭지 않다'라는 것이 있읍니다. 자기의 실력이나 특징을 알고 있으면, 이 전쟁에 이기느냐 지느냐를 싸우기 전에 알고, 싸울 수 있는 전쟁이면 뜻대로 싸우고, 싸울 수 없는 전쟁이면 즉시 퇴진해 버린다는 전법입니다. 이 생각 중에 '나를 안다'라는 것은 극히 중요한 것입니다. 사실 탁구의 대회에서는, 상대가 강함으로 이 시합은 질 것이니, 싸움전부터 기권합니다……라고는 말할 수는 없읍니다만, 자기자신의 특징을 다 알고 있으면, 상당히 대담한 플레이가 되고, 이른바 마이페이스의 싸움, 자기에 맞는 시합 운행이 됩니다.

자기의 장기를 뜻대로 발휘하며, 약점을 상대의 바로 앞에 속속들이 내는 일은 하지않게 됩니다. 연습일 때라도 자기의 탁구의 특징을 분석하고 이해하고 있으면, 자기의 연습 방법이 상당히 분명해서 하나하나의 연습이 갖는 목적이나 의미가 이해되므로, 어느 정도 의욕적으로 대진할 수가 있고, 그 성과가 잘 오릅니다.

이리해서, 연습 하나하나가 갖는 목적이나, 자기의 플레이 하나하나가 갖고 있는 의미 등이 이해되게 되면은, 탁구란 경기의 깊이를 알게 되고 점점 더 흥미와 관심이 솟아납니다. 그리고 탁구선수는 강한 것만이 전부가 아니고 항상 숙달을 향해서 노력하고 있는 자세가 중요하며 학생으로서 혹은 사회인으로서 인격을 높이고 훌륭한 사람이 되도록 견디며 분발해야겠다고 생각하게 되었읍니다.

그런데 탁구가 숙달하는 정도는 연습량이나 일상생활의 절제등 모든 노력의 양에 비례하는 것은 아닙니다. 많은 선수들의 체험으로 보아 아무리 노력해도 숙달되지 않는때가 있거나, 그다지 안해도 어느새 잘 되어 있거나 한 일도 있읍니다. 또 타선수를 보고 있으면 굉장한 소질이 있어서 대수롭지 않은 힌트로 곧 숙달하거나, 도저히 이 사람은 무리라고 생각했던 사람이 곧 숙달하는 등 여러가지의 흐트러짐이 있읍니다.

선수로서 어떤 벽에 부딪쳤을 때, 자신은 탁구에 맞지않는다든가 노력해도 소용없다든가 하고 생각해서는 안됩니다. 어느 기술이 몸에 붙거나 어느 플레이가 할 수 있게 되려면 반드시 그 준비기간이 있으므로 그 동안은 숙달하지 못해도 충분히 노력해두는 것이 필요합니다. 요컨대 연습해도 조금도 나아지지않더라도 일상 연습은 성장을 위한 중요한 저축이므로 손을 빼서는 안되는 것입니다. 그 사이에 열심히 하고있으면 자기도 모르게 어느새 숙달할 때가 다가옵니다. 아무리 두터운 벽이라도 열심히 부딪치면 깨지지 않는 벽은 없는 것입니다. '궁하면 통한

다'는 말처럼 무엇인가 기술면이든 정신면이든 뚫고가지 않으면 안됩니다. 시련에 봉착하면 그 시련 앞에서 열심히 노력하는 동안에 자기가 어느새 달라져서 새로운 자기로 형태를 바꿀 수 있게 되며, 따라서 그 시련을 극복할 수가 있게 되는 것입니다. 그렇게 생각하고 있으면 일상의 연습은 대단히 중요한 것이 되며 절망이나 도중에 팽개치는 일은 없어지는 것입니다.

그런데 이러한 정신면 혹은 마음의 관점에서 탁구를 생각하고 있는 것만으로는 실전에 통용 안됩니다. 머리가 아니고 몸에 탁구를 익히는 것이 필요하기 때문입니다. 실제의 연습, 수많은 연습 시합 등에서 몸 그것에 자기의 탁구를 스며들게 하고 익혀가는 것에 노력해야 합니다. 요컨대 실전이야말로 최고의 연습이라 생각하고, 그것의 준비기간으로서의 일상연습에 매우 힘써야겠읍니다.

그런데 몸으로 탁구를 익히기 위해서는 연습시간을 극복할 수있는 충분한 체력이 필요하며, 자기의 기술을 신장하기 위한 파워나 순발력이 필요하게 됩니다. 그 때문에 기초 체력 만들기가 뺄 수가 없는 연습이 됩니다. 그래서 탁구는 기술 연습만이 아니고 각종의 트레이닝이 필요하다는 것이 인식됩니다.

　웨이트·트레이닝, 사킷·트레이닝등에서 러닝 등 모든 것을 도입해 보았읍니다. 특히 러닝은 매일 빼지않고 하도록 했읍니다. 거리는 시합 전의 1∼2킬로에서 하드일 때는 10킬로 이상이였읍니다만, 이 러닝을 매일 빼지않고 하고 있는 중에 자기 마음이 고분고분해지는 것을 깨달을 수 있을 것입니다.

　달린다는 것만이라도 정신면의 향상에 유용한 것입니다. 러닝이　성

행한다는 것은, 그만치 사심(邪心)을 버리고 인간다운 솔직한 마음으로 되돌아올 수가 있다는 점에서도 대단히 좋은 일이라고 생각합니다.

이렇게 해서 쇠아령을 갖고 완력이나 근력을 단련하고, 달려서 다리힘을 붙이며, 대시나 풋워크로 순발력을 붙이는 등 여러가지의 면에서 기초체력을 붙이는 노력을 해두면 그것에 뒷받침 되어서 기술도 비약적으로 발전하게 됩니다. 어깨나 팔에 파워가 붙어서 스매시가 강력하게 되었다든가, 스태미너가 붙어서 어느 시합에서 싸워도 상대보다 먼저 녹초가 안되었다든가, 여러가지의 효과가 시합에 나타나기 때문에 점점 더 체력만들기에 전력을 다하게 됩니다.

모든 것은 실행 중에 해결한다, 라는 생각을 가지십시오. 무엇이고 끙끙 생각하거나 할 필요가 없고 노력하는 것에 전력투구해서 해결한다는 강한 신념을 갖는 것이 중요합니다.

자기나름의 탁구를 만들자

이러한 노력의 과정에서 터득하게 되는 하나의 중요한 포인트는 '자기밖에 못하는 자기자신의 탁구'를 만들지 않으면 생각대로 싸울 수 없으며, 이길 수 없다는 것입니다.

체력 만들기에 힘쓰며, 여러가지의 기술을 몸에 붙이고, 올라운드·플레이어를 목표로 하고 시작한 것이므로, 시합을 거듭 쌓아가는 동안에 스스로 승리를 탈취할 수는 없다고 생각했던 것입니다. 뭔가 하나라도 상대보다 우수한 것을 갖고 그것으로 승부해서 이긴다는 이기는 방법으로, 가령 강력한 드라이브를 몸에 붙이는 길을 선택한다든지 하는 것입니다. 이것은 자기의 체형, 전형, 성격 등에 적합한 데다가, 자기의 개성에도 매치한다고 생각했기 때문입니다. 그러므로 드라이브는 세계의 누구에게도 안진다 라는 의기도 연습을 하는 것입니다.

여기서 주의하고 싶은 것은 즉, 드라이브가 자신에 맞는 무기일때 그것을 골라야 한다는 사실입니다. 선수의 여러분은 여러분 자신에 맞는 무기를 연구해서 개발하고, 승부의 결정적인 수로서 몸에 익혀둘 것을 권합니다. 아무리 강한 사람이 있어도, 그것에 흉내를 내고 그 사람처럼 강하게 될 수도 없읍니다.

　체력, 성질, 정신면, 소질 등을 생각하고 자기에 맞는 주무기를 찾으십시오. 야구계에도 홈런·배터인 일본의 왕선수는 독특한 한쪽발 타법입니다만, 그것이 왕선수에게는 맞지만, 다른 누구에게도 맞는 타법이라고는 생각지 않습니다. 그 증거로 왕선수와 똑같은 한쪽발 타법으로 홈런을 잘 친 선수를 본 적은 아직 없습니다. 자기의 개성에 맞는 플레이가 얼마나 중요한가는 이런 것에서도 알 수 있읍니다.

　따라서 시합의 반성으로 되돌아갑니다만, 대회의 다음에는 기술면의 반성도 하지 않으면 안됩니다. 나는 기술면의 반성에서 코스의 찌르는 법에 관해서의 반성이 많아졌읍니다. 무기력해져서 상대가 좋아하는 코스로 되돌려버렸다든가, 상대의 약점을 찌르는 것을 잊고 싸웠다든가, 의표를 찌르는 반구가 없었다든가 하는 것입니다. 똑같이 지는 것이라면 자기의 탁구를 하고 지자는 생각을 하고 있었으므로, 시합에서는 항상

　1. 마음껏 좋은 플레이를 함.
　2. 상대의 의표를 찌르는 공격법을 함.
이라는 목표아래에서 그리 못했다는 것을 반성한 것입니다.

　다음에 서브와 리시브에 관해서 그 코스에 찌르는 법을 반성하는 일이 자주 있었읍니다. 또 하나의 대회를 쭉 이기기 위해서의 기초체력은 있었든가, 싸움중에 상대의 결점을 발견할 수가 있었든가, 등도 반성의 요점으로서 잊지 않기 위해 써두었읍니다.

　그런데 이러한 반성일기의 작성은 보다 효율적으로 숙달할 것을 목표로 한 것입니다. 숙달하기 위한 비결을 말하면 언제나 목표를 갖고

210

연습에 대진하는 것이며, 자기의 체력이나 능력의 한계에 도전한다는 생각에 입각해서 노력하는 것입니다. 그리고 '상수는 하수한테 배우고 하수는 상수한테 배움'이란 말처럼 많은 것을 타인으로부터 배운다는 것일 것입니다. 그러기 위해서는, 타인의 연습이나 플레이를 잘 보고 그 좋고 나쁨을 판별할 수 있는 '눈'을 양성하는 것입니다.

선배의 좋은 기술을 훔친다해도 그 기술의 선악을 판단못한 채 흉내내면 원숭이 흉내가 됩니다. 원숭이 흉내는 절대로 대성 못합니다. 기술을 흉내낼 때는 왜 그 기술이 좋은가, 어디가 우수한가, 그리고 그것을 자기에게 도입하는 것이 좋은가 나쁜가……등을 판단할 수 있는 눈과 지식이 필요합니다.

　큰 시합이나 좋은 플레이를 확실하게 보고 탁구를 보는 눈을 기르십시오 그러면, 자기의 맞는 좋은 플레이만을 배우고 얻을 수가 있읍니다. 또, 만일 슬럼프에 빠졌다고 하면, 그것은 트레이닝으로 해결할 수 밖에 방법은 없다고 생각해 주십시오. 너무 생각하거나, 기술연습에 힘써봐도 슬럼프에서의 탈출은 여간 안됩니다. 그보다 스포츠의 기본인 러닝등 트레이닝에 힘쓰고, 겸허하고 솔직한 마음가짐, 기초체력의 업으로 인내력을 붙이는 것에 중점을 쏟아봅시다.
　슬럼프는 비약적 숙달의 전단계다──라는 생각에 입각해서 마음을 솔직하게 하고 트레이닝에 힘쏨, 말하자면 연습을 향하는 기본적인 정신으로 되돌아와서 맞서면 반드시 탈각됩니다. 아침이 안오는 밤은 없고, 봄이 안오는 겨울은 없다고 확신하고 맞서 십시오.
　요는 생각의 문제입니다. 가령 평소의 트레이닝에서 피로해 근육의 여기저기의 통증이 나면 '아 여기까지 와버렸다'등을 생각지 말고 '몸의 여기저기가 아픈 것은 이제부터 그곳의 근육이 강해진다 라는 시그널이다'라고 생각하는 것입니다. 고통을 견디는 요령은 고통에서 도피하지 않고, 정면에서 부딪치며 가는 것입니다. 고통을 두려워하지 않는 용기를 갖는 것입니다. 고통을 견디고 극복했을 때는 언제까지나 그것을 뒤돌아보지 말고, 팍 머리 속에서 바꿔버리고 낙천적이 된다고 할까, 밝게 행동하는 것입니다.
　부디 마음껏 탁구에 대진하고, 훌륭한 플레이어가 되십시오. 그것을 위해서 이 책이 조금이라도 쓸모가 있다면 이런 다행한 일은 없읍니다. 여러분의 정진을 기원합니다.

판권본사소유

현대 탁구 교본

2015년 6월 25일 재판
2015년 6월 30일 발행

지은이 | 현대레저연구회 편
펴낸이 | 최 상 일

펴낸곳 | 태 을 출 판 사
서울특별시 중구 동화동 52-107(동아빌딩내)
등 록 | 1973 1.10(제4-10호)

ⓒ2009. TAE-EUL publishing Co.,printed in Korea
※잘못된 책은 구입하신 곳에서 교환해 드립니다

■ 주문 및 연락처
우편번호 100-456
서울 특별시 중구 동화동 제52-107호(동아빌딩내)
전화: 2237-5577 팩스: 2233-6166

ISBN 978-89-493-0469-4   13690

현대인의 건강과 행복을 추구하는

최신판 「현대레저시리즈」

계속 간행중!

각박한 시대 속에서도 여유있게 삽시다!!

현대골프가이드
● 초보자를 위한 코오스의 공격법까지를 일러스트로 설명한 골프가이드!

현대요가미용건강
● 간단한 요가행법으로 날씬한 몸매. 잔병을낫게 하는 건강비법 완전 공개!

현 대 태 권 도 교 본
● 위협적인 발차기와 가공할 권법의 정통 무예를 위한 완벽한 지침서!

현 대 복 싱 교 본
● 복싱의 초보자가 챔피언이 될 수 있는 비결을 완전 공개한 최신 가이드!

현 대 펜 싱 교 본
● 멋과 품위, 자신감을 키워주는 펜싱의 명가이드!

현 대 검 도 교 본
● 검술을 알기 쉽게, 빠르고 정확하게 체득 할 수 있는 검도의 완벽한 지침서!

현 대 신 체 조 교 본
● 활력이 넘치는 싱싱한 젊음을 갖는 비결, 현대 신체조에 대한 완전가이드!

현대즐거운에어로빅댄스
● 에어로빅댄스를 통하여 세이프업한 체형을지키는 방법 완전공개!

현대보울링교본
● 몸도 젊게, 마음도 젊게, 남녀노소 누구나 즐길 수 있는 최신 보울링 가이드!

현대여성헬스교본
● 혼자서 틈틈이, 집에서도 손쉽게, 젊은 피부·매력있는 몸매를 가꾸는 비결집!

현 대 디 스 코 스 텝
● 젊은층이 즐겨 추는 최신 스텝을 중심으로 배우기 쉽게 엮은 디스코 가이드!

현 대 소 림 권 교 본
● 소림권에 대해 흥미를 가지고 있는 초보자를 위하여 만든 소림권 입문서!

현 대 태 극 권 교 본
● 천하무적의 권법으로 알려지고 있는 태극권의 모든 것을 공개한 지침서!

현 대 당 구 교 본
● 정확한 이론과 올바른 자세를 통한 초보자의 기술 향상을 목표로 한 책!

현 대 유 도 교 본
● 작은 힘으로 큰 힘을 제압하는 유도의 진면목을 익힐 수 있도록 편집된 책!

* 이상 전국 각 서점에서 지금 구입하실 수 있읍니다.

태을출판사 *주문 및 연락처
서울 중구 신당6동 52-107(동아빌딩내) ☎ 02-2237-5577